Cornelia Eidmann
Martin Nusch

NEUE
50 DINGE
DAS MUSS EIN
NORDRHEIN-WESTFALE
AUCH GETAN HABEN

© WDR, Köln
Agentur: WDR mediagroup GmbH

 KLARTEXT

© 2013 ZEITGEIST MEDIA GmbH,
40547 Düsseldorf
E-Mail: info@zeitgeistmedia.de

Vertrieb: Klartext Verlag, 45329 Essen
E-Mail: info@klartext-verlag.de

Autoren: Cornelia Eidmann, Martin Nusch

Redaktion ZEITGEIST MEDIA:
Katharina Fleischer, Lara Martín Rodríguez
Gestaltung: Marcus Eckhardt

Gestaltung Cover: artwork factory kommunikation & design
WDR mediagroup Projektkoordination: Kirsten Schmitz

Bildnachweis: Seite 160 | Alle Angaben ohne Gewähr
Druck: Rehms Druck, Borken | ISBN 978-3-8375-1025-6

Inhalt

Erledigt

Die neuen 50 Dinge auf einen Blick

Ibbenbüren

31 Rheine

Gronau
3

Steinfurt

Ahaus

Greven

IX

Münste

20

M ü n s t e r l a n d

Borken

Coesfeld

Ennige

Emmerich

Bocholt

Dülmen **V**

Haltern

Ahlen

Kleve

Goch

19 **46**

Xanten Wesel

Dorsten

Marl

Datteln

Werne

H

Lünen

Recklinghausen

16 Kevelaer

II

Lippe

N i e d e r r h e i n

Dinslaken

31

34

Gelsenkirchen

Kamen

Unna

Geldern

Bottrop

42

Herne

Oberhausen

Moers

17 **32**

17

Bochum

Dortmund

Duisburg

36 **6**

Mülheim

Essen

Witten

Schwerte

23 Neh

Nettetal

Krefeld

Buhr

Hagen

Düsseldorf

Velbert

14 Ennepetal

Iserlohn

Viersen

25 **35**

II

Wuppertal

28 Lenne

S a u e r l a n d

Berg. Land

VIII

29

Neuss

Solingen

Remscheid

Lüdenscheid Pl

Mönchengladbach

III **II**

Langenfeld

41

Wupper

Heinsberg

Grevenbroich

Dormagen

43

Leverkusen

41

41 O

12 **IV**

Bergheim

Gummersbach

Geilenkirchen

Köln

Bergisch
45 Gladbach

Jülich

Kerpen

Frechen

22

Eschweiler

34

Brühl

Siegburg

41

45

Düren

45

Erftstadt

30

Hennef

Sieg

Aachen

E i f e l

26 **34** **I** **Bonn**

Siebengebirge

18

Euskirchen

Bad
Godesberg

40 **48**

15

39

X

21

21

Bad Neuenahr-Ahrweiler

Mittelland-
kanal

Weser

Petershagen 37

Minden

Bünde

Bad
Oeyn-
hausen

Herford

Bad Salzuflen

Halle 49

Teuto-

Bielefeld

Lage

Lemgo

VII

burger Wald

Gütersloh

Detmold

rendorf

Sennestadt

Rheda-
Wiedenbrück

11

Oelde

Beckum

Lippe

Höxter

34

1 Paderborn

Lippstadt

Soest

47

Möhne

Warstein

Arnsberg VI

Ruhr

50

Meschede

rg

2 27

Winterberg

argebirge

Eder

uztal

Lahn

Siegen

Die Zahlen in den roten Kästchen stehen
für die Platzierung in der Hitliste der
Radioaktion. Die römischen Ziffern
zeigen die Themen des Spezials
„Geheimnisvolles NRW" an. Über die
Nummern finden Sie auch im
Inhaltsverzeichnis auf Seite 2 und 3
schnell das, was Sie suchen.

Diese Dinge können Sie an vielen Stellen in NRW erleben:

5 7 8 9 10 13 17 24 31 33 34 44 45 46 II

Rast im Knast: Stefan Quoos

Uwe Schulz auf altem NATO-Gelände

Auf ein Neues!

Die WDR 2 Moderatoren ließen sich nicht lange bitten: Stefan Quoos wurde in Sträflingsklamotten gesteckt, Steffi Neu durfte sich mit Sonnenhut an Deck begeben, und Stefan Vogt hielt im weißen Feinripp-Unterhemd Schwätzchen am Fenster.

Das alles war im Radio zu hören: Im Sommer 2013 stellte WDR 2 die neuen 50 Dinge vor, die ein Nordrhein-Westfale auch mal getan haben sollte. Nun gibt es was zu sehen: Die 50 Ideen aus der beliebten Aktion finden Sie in diesem Buch, mit Schnappschüssen der WDR 2 Moderatoren und Reporter.

Wie beim ersten Mal wurden die wieder WDR 2 Hörer gefragt: Was muss ein Nordrhein-Westfale mindestens einmal im Leben noch getan haben? Was muss man kennen im Land, wo muss man gewesen sein?

Eine Achterbahn zu Fuß erklimmen, Milch an einer Tankstelle zapfen oder Golf mit Holzschuhen spielen gehörten ebenso zu den Vorschlägen wie die Bundesligakonferenz hören oder in Paderborn die Liboriwoche mitfeiern.

Jürgen Mayer, der Röhren-Tester

Innerhalb kürzester Zeit standen 50 Dinge fest – ganz frische Ideen. Kein Wunder: Schon bei der ersten Höreraktion waren so viele Tipps eingegangen, dass es locker für 100 Dinge gereicht hätte. Sie dürfen sich also auf viele weitere spannende oder lustige Erlebnisse in Nordrhein-Westfalen freuen. Über die Platzierung von 1 bis 50 haben die Hörerinnen und Hörer entschieden.

Am Ende des Buchs finden Sie wieder ein Spezial, Sie erkennen es am blauen Seitenrand: zehn geheimnisvolle Sachen, die die WDR 2 Redaktion im Herbst 2013 ausprobiert hat. Hier wird es mal gruselig, mal spannend, mal führen die Geschichten an einen versteckten Ort in unserem Revier.

Und jetzt viel Spaß beim Schmökern und Nachmachen. Das sind die neuen 50 Dinge: Auch das muss ein Nordrhein-Westfale getan haben. Zum Nachlesen – mit Adressen, Öffnungszeiten und allen wichtigen Infos im Servicekasten.

Cornelia Eidmann und Martin Nusch

Im Schiffchen: Steffi Neu auf der Ruhr

Stefan Vogt hing für WDR 2 am Fenster

Noch Fragen?

Da hilft die WDR 2 Hotline:
0221-56789222

Auf Sendung im Bunker: Kerstin Hermes

Grubenfahrt mit Helmut Rehmsen

Die Liboriwoche in Paderborn mitfeiern

Hier wartet die fünfte Jahreszeit bis zum Sommer

Am Bierbrunnen vor dem historischen Rathaus zapfen Jubelhennesse das Bier

Die Nordrhein-Westfalen lieben Kirmes. Kein Wunder also, dass die WDR 2 Hörer eine Kirmes an Platz eins der Dinge gewählt haben, die ein Nordrhein-Westfale einmal in seinem Leben getan haben muss: das Liborifest in Paderborn.

Neben der Cranger Kirmes in Herne, der Allerheiligenkirmes in Soest, der Düsseldorfer Rheinkirmes oder der Straßenkirmes in Haan ist die Liboriwoche in Paderborn eines der wichtigsten Volksfeste des Landes. Jeden Sommer Ende Juli ist es so weit. Ganze neun Tage lang steht Paderborn Kopf, rund 1,7 Millionen Besucher reisen dann in die Stadt, um mitzufeiern. Zu verdanken haben die Paderborner ihr großes Fest ein paar alten Knöchelchen.

Anno 836 wurden die Reliquien des heiligen Liborius von Frankreich in die Bischofsstadt Paderborn gebracht – unter großem „Hallo" der Paderborner, versteht sich. Und an dieses Willkommenshallo erinnert jedes Jahr ungefähr zum Todestag des Heiligen (23. Juli) das Liborifest – mit einer 1,6 Kilometer langen Kirmesmeile auf dem Liboriberg und einem Pottmarkt auf dem Dom- und Marktplatz. Auf dem Pottmarkt findet der Besucher Gebrauchswaren und Lebensmittel, auf der Kirmesmeile Losgewinne und Karussellabenteuer. Dazu gibt es Konzerte, Kleinkunst und ein musikalisch abgestimmtes Feuerwerk über dem Quellgebiet der Pader mit ihren rund 200 Quellen.

Aber das Liborifest ist noch viel mehr als das. Neben dem bunten Markt- und Kirmestreiben gibt es große kirchliche Feierlichkeiten. Am ersten Sonntag werden die Gebeine des heiligen Liborius in seinem goldenen Schrein durch die Stadt getragen. Es gibt einen eigens komponierten „Liboritusch", der die Gegenwart des Heiligen ankündigt. Bei der Aussetzung und späteren Wiederbeisetzung des Schreins stimmen ihn die Bläser der Stadt unterstützt von der Orgel an.

Den Paderbornern reichen neun Tage Ausnahmezustand beim Liborifest anscheinend nicht. Wer die Kirmes im Sommer verpasst hat, bekommt noch eine zweite Chance. Klein, aber nicht minder fein gibt es Ende Oktober den kleinen Bruder des Liborifestes, die Herbstliboriwoche. Gefeiert wird hier die Rückkehr der Reliquien, nachdem der „tolle Christian" (Christian von Braunschweig) sie im Dreißigjährigen Krieg schändlicherweise geraubt hatte.

Wappentier des Bischofs Liborius: der Pfau

9

Liborius lädt zum Fest

Paderborns Libori zählt zu den größten und ältesten Volksfesten Deutschlands. Gerade die Mischung aus kirchlichen Feierlichkeiten und dem weltlichen Fest macht seinen besonderen Charme aus. Zeremonien und Prozessionen sorgen dafür, dass die Geschichte nicht in Vergessenheit gerät, während das bunte Treiben auf dem Festgelände und das kulturelle Programm in Feierlaune versetzen.

Das nächste Liborifest ist von Samstag, 26. Juli bis Sonntag, 3. August 2014. Zusätzlich zur etwa 1,6 Kilometer langen Kirmesmeile auf dem Liboriberg zieht sich eine fast zwei Kilometer lange Erlebnismeile mit Pottmarkt, Kleinkunst, Konzerten und Biergärten durch die Innenstadt. Für das Volksfest 2013 auf dem Liboriberg und den Liborimarkt auf dem Markt- und Domplatz wurden aus 1352 Bewerbern 152 Schausteller und 145 Marktkaufleute ausgesucht und zugelassen. Herbstlibori, der „kleine Bruder" der traditionellen Kirmes, findet jedes Jahr mit einer geringeren Anzahl von Ausstellern Ende Oktober statt.

Weitere Infos für Besucher:
Tourist Information Paderborn, Verkehrsverein Paderborn e. V.
Marienplatz 2a, 33098 Paderborn, Tel.: 05251-882980, Mail: tourist-info@paderborn.de
www.paderborn.de

Süße Grüße von einem der größten Volksfeste Deutschlands

Nächster Halt in 1.609 Metern – einmal angeschoben gibt es kein Zurück mehr

Im Taxibob durch den Eiskanal flitzen

Rasante Abfahrt im sauerländischen Winterberg

Wie schafft ein Holländer Tempo 130? Er parkt seinen Wohnwagen in Winterberg und fährt ein Stück Taxi! Natürlich geht das hier oben im Sauerland nicht auf den Straßen, denn eine Autobahn führt nicht durch Winterberg. Dafür gibt es die Bobbahn – und dort den Taxibob.

Jeweils drei Passagiere quetschen sich dabei zu einem erfahrenen Piloten in einen Viererbob. Und auch wenn bei den Gästefahrten nicht so wild angeschoben wird wie bei einer WM, kriegt der Bob auf seinem Weg richtig Schwung. Geschwindigkeiten bis zu 140 Stundenkilometer sind möglich.

Wohlgemerkt geht es dabei nicht geradeaus, sondern durch ein Labyrinth von engen Kurven – diese Fahrt ist also nichts für Ängstliche.

Die erste Bahn wurde hier in Winterberg schon 1910 aus Natureis angelegt, und 1914 fanden die ersten Europameisterschaften statt. 2003 war die damalige NRW-Wissenschaftsministerin Hannelore Kraft in Winterberg und durfte im Bob mitfahren. Anschließend erzählte sie auf WDR 2, es sei ein wirklich heftiges Erlebnis gewesen: „Wenn man das so im Fernsehen sieht, dann sieht das alles relativ leicht aus. Der fährt da einfach irgendwie durch den Eiskanal. Wenn man selber mitfährt, dann merkt man die ganzen Unebenheiten, die Erschütterungen, und der Kopf mit dem Helm, der fliegt eben rechts und links gegen die Kanten des Bobs. Und ich war schon froh, als ich wieder unten war."

Wem das alles viel zu schnell ist: Es gibt auch eine deutlich langsamere Methode, die Bobbahn zu bezwingen. Im Sommer veranstaltet der Ski Club Siedlinghausen ein Radrennen im (trockenen) Eiskanal – bergauf!

Taxibob in Zahlen

Streckenlänge: 1.609 Meter
Kurven: 15
Gefälle: 15 % Max., 10 % Durchschnitt
Passagiere: 3
Höchstgeschwindigkeit: 140 km/h
Bremsen: Ja, bitteeeeee …
Fahrtdauer: 60 Sekunden
Adrenalin: 100 %

Eiskalter Adrenalinschub

Bobbahn Winterberg
im Hochsauerland
An der Kappe
59955 Winterberg
Tel.: 01805-007263
(0,14 Euro/Min. aus dem dt. Festnetz, bis zu 0,42 Euro/Min. aus dem dt. Mobilfunknetz)
Mail: info@olympic-bob-race.de
www.olympic-bob-race.de

Preise: 80 Euro pro Person und Fahrt

Gästebob-Saison: etwa Ende Oktober bis Mitte Februar, Terminübersicht siehe Homepage, rechtzeitige Buchung erforderlich

Hinweis: Im Taxibob fährt man auf eigene Gefahr. Als Passagier muss man mindestens 16 Jahre alt, größer als 1,50 Meter, nicht schwanger und frei von Kreislauf- oder Rückenproblemen sein – und nüchtern.

Profisport zum Anschauen
Die nächste Bobweltmeisterschaft steigt in Winterberg! Im Februar und März 2015 sind die besten Bobfahrer der Welt im Sauerland unterwegs. Damit ist Winterberg bereits zum vierten Mal Gastgeber einer Bob-WM.

Infos zum **Radrennen** im Eiskanal gibt es beim Ski Club Siedlinghausen:
www.sc-siedlinghausen.de

Im rock'n'popmuseum in Gronau mitwippen

Eine Zeitreise durch 100 Jahre Musik

Rock- und Popgeschichte in der ehemaligen Turbinenhalle des van-Delden-Textilkonzerns

■ Früher wurde in Gronau Stoff für Röcke hergestellt. Heute ist Rock der Stoff, für den die Leute herkommen. Aus der Textilstadt nahe der deutsch-niederländischen Grenze ist eine Adresse für Musikinteressierte geworden: Hier ist Deutschlands einziges Museum für Rock- und Popmusik zu Hause. Aber warum eigentlich gerade in Gronau und nicht in Berlin, München oder Köln?

In der westfälischen Kleinstadt stand einmal eine der größten Baumwollspinnereien Europas, 1854 vom niederländischen Unternehmer Mathieu van Delden eröffnet. Die Aussicht auf volle Lohntüten zog so viele Menschen in den Ort, dass sich die Einwohnerzahl um 1900 verdreifacht hatte. Vor allem junge Leute kamen, und mit ihnen Künstler und Musiker. Eine deutsch-niederländische Künstlerszene entstand, der es besonders Jazz und Swing angetan hatte. Als die Musik von den Nazis verboten wurde, spielte man einfach bei den niederländischen Freunden weiter und rettete die Szene über den Krieg. Bis heute zeigt Gronau deutlich seine Liebe zum Jazz: Seit 1989 findet jährlich Ende April das überregional beliebte Jazzfest Gronau statt (www.jazzfest.de). Es brachte der Kleinstadt sogar den Beinamen „New Orleans des Münsterlandes" ein.

Den van-Delden-Konzern gibt es seit 1982 nicht mehr. In die ehemalige Turbinenhalle zog 2004 das rock'n'popmuseum ein. Schon die Adresse ist genial: Udo-Lindenberg-Platz 1. Eine Hommage an den Ideengeber für das Museum und berühmtesten Sohn der Stadt. Zur Eröffnung kam Panikrocker Udo damals höchstpersönlich in seine Heimat und er-

Der Weg zum Museum

ⓘ

rock'n'popmuseum
Udo-Lindenberg-Platz 1
48599 Gronau
Tel.: 02562-81480
Mail: info@rock-popmuseum.de
www.rock-popmuseum.com

Preise: 7,50 Euro, Kinder (bis 6) frei, Familienkarte ab 16 Euro

Geöffnet: Mi-So 10-18 Uhr, Di nur in den NRW-Schulferien und auf Anfrage für Gruppen ab 10 Personen

Eine „Wall of Fame" für jede Epoche

zählte der Presse: „Es war eine geheimnisvolle, sturmdurchwehte Nacht mit reichlich Eierlikör, da saßen wir mit ein paar Kumpelinnen und Kumpels in Gronau und dachten: Guck mal, hier ist ziemliches Gehänge, ziemlich Ende im Gelände. Hier muss irgendwas Neues hin. Ein Treffpunkt für Musik!"

Und so kam es. Wer das Museum besucht, bekommt nicht nur viel fürs Auge, sondern auch ordentlich was auf die Ohren. Hey, immerhin geht es um Musik! Klangkorridore, eine Tranceglocke, die musikalische Zeitmaschine, Videos, Hörproben, Fotos, Devotionalien berühmter Künstler und das CAN-Tonstudio entführen auf einen mitreißenden Trip durch 100 Jahre Rock- und Popmusik. Wechselnde Sonderausstellungen, Events, Konzerte und spezielle Programme – auch für Kinder und Senioren – machen das Museum vollends einmalig. Wer es nicht kennt, hat bisher wirklich etwas verpasst.

Die „Nachtigall von Gronau"

... so betitelt sich Udo Lindenberg gern selbst, denn in dieser westfälischen Kleinstadt erblickte er 1946 als Sohn von Hermine und Gustav Lindenberg das Licht der Welt. Vater Gustav war Klempnermeister und liebte die Jazzmusik, eine lebendige Szene gab es in Gronau. Über Papa kam der kleine Udo so früh zur Musik, mit zehn bastelte er sich sein erstes Schlagzeug aus Benzinfässern.

17 Jahre später, nach ausgedehnten Wanderjahren und vielen Stationen gelang ihm als Sänger mit der unverwechselbaren Näselstimme 1973 der kommerzielle Durchbruch: mit dem Album „Andrea Doria". Heute ist Udo Lindenberg eine lebende Legende, ein Urgestein deutscher Musikgeschichte und gilt als Wegbereiter für viele deutsche Künstler.

Udos Spuren folgen
Beim „Panikhistorischen Rundgang" führt Hanspeter Dickel Gruppen zu Originalschauplätzen und wichtigen Stationen in Gronau, die mit dem Panikrocker in Verbindung stehen. Dazu gibt's Fotos, Filme, Zeitzeugen und ein Gläschen Eierlikör.

Tickets und Termine sind beim rock'n'popmuseum oder beim Touristik-Service Gronau (am Bahnhof) erhältlich. Die Tour kostet ca. 15 Euro/Person.
Tel. Museum: 02562-814814
Tel. Touristik-Service: 02562-99006
Mail: kontakt@hanspeter-dickel.de

Mehr Infos zu Udo Lindenberg unter www.udo-lindenberg.de

Stets mit Hut und Sonnenbrille – Udo Lindenberg

So wird's gemacht: Besucher können den Werdegang einer Glocke nachvollziehen

Beim Glockengießen in Gescher zuschauen

Deutschlands einzige Kirchenglockenproduktion

Seit 1690 werden in der Manufaktur im westlichen Münsterland Glocken gefertigt. Heute arbeitet der Familienbetrieb in der zwölften Generation! Und noch immer entstehen in Gescher neue große Glocken – im Jahr 2013 ungefähr 20 Stück.

Man sollte glauben, dass in einer Zeit, in der allenthalben die Kirchen schließen, kein großer Bedarf an Glocken herrscht. Bei Petit & Gebr. Edelbrock in Gescher hat man aber gut zu tun. Die Spezialisten bieten auch alles rund um die Kirchenglocke an. Dazu gehören Glockentürme, Uhren oder Taubengitter. Weltliche Glocken sind ebenfalls im Programm, zum Beispiel für Schiffe, Vereine oder Parlamente.

Der große Moment bei der Glockenproduktion ist natürlich der Guss. Lange vorher wurde aus Lehm eine Form gebaut, jetzt kommt die flüssige Bronze hinein. Geschäftsführer Rainer Esser erzählte im Interview mit dem WDR: „Das ist ein sehr emotionaler und schöner Moment. Die Kirchengemeinden kommen und schauen und beten. Die Glut und der Rauch, das ist schon sehr spannend." Bis die fertige Glocke bewundert werden kann, dauert es dann aber noch: Mehrere Wochen muss der Guss abkühlen, dann erst wird die Form entfernt.

Nicht nur Kirchengemeinden schauen in der Gießerei vorbei. Auch andere Gruppen und einzelne Besucher sind willkommen. Trotz des Hochbetriebs, der hier manchmal herrscht, bietet die Glockengießerei Besichtigungen an. Im Museumsshop kann man seine eigene Glocke kaufen. Es muss ja nicht gleich eine große Kirchenglocke sein.

Die Gießerei ist aber nicht die einzige Adresse in Gescher, die sich für Glocken-Interessierte lohnt: Ein kurzer Weg quer durch den Ort führt zum Westfälischen Glockenmuseum. Hier wird nicht gegossen, dafür ist eine riesige Sammlung von Glocken zu besichtigen. Die ältesten Glöckchen im Museum stammen von Pferdegeschirren und sind 2.000 Jahre alt. Es gibt auch asiatische Glöckchen oder Kuhglocken. Viele der Instrumente dürfen angeschlagen werden. Ein stilles Museum ist das nicht!

Auch über einen anderen Aspekt des Glockengießerberufs wird hier berichtet. Es gab nämlich noch etwas anderes Schweres, Metallenes, das in der Geschichte immer wieder benötigt wurde: Kanonen. Die Experten in den Glockengießereien waren auch als Kanonenproduzenten sehr begehrt – und immer wieder mussten sie dann ihre Glocken wieder von den Kirchtürmen herunterholen und umgießen.

Beim Guss der Glocken geht es heiß her

Wie verzaubert – mit farbenfroher Illumination setzt sich die Jahrhunderthalle in Bochum zur Na

Im Ruhrpott eine ExtraSchicht einlegen

Und Zeche und Co. von ihrer besten Seite erleben

Eine Veranstaltung, die an vielen Orten gleichzeitig stattfindet, dabei 200.000 Besucher anzieht und teilweise in Abwasserkanälen und Industriedenkmälern spielt – so was kann es eigentlich nur im Ruhrgebiet geben.

Die Nacht der Industriekultur in der „Metropole Ruhr", wie sich die beteiligten Städte gerne gemeinsam nennen, macht jedes Jahr eine Sommernacht zum Erlebnis. Von Kabarett über Artistik, Lichtshows und alle Arten von Musik bis zu einem Märchenwald reicht das Angebot. Auch die Veranstaltungsorte könnten kaum unterschiedlicher sein: Das Museum der Deutschen Binnenschifffahrt ist genauso dabei wie die Gartenstadt Dinslaken-Lohberg oder das Dortmunder U.

2001 gab es die erste „ExtraSchicht". Seither stehen die Sommernächte nicht nur für Party, sondern begleiten auch den Weg der alten Schwerindustrieanlagen in die Zu-

Industriekultur in Szene

Nacht der Industriekultur

Die nächsten ExtraSchichten finden am 28. Juni 2014 und am 20. Juni 2015 in vielen Städten im ganzen Ruhrgebiet statt.

Veranstalter:
Ruhr Tourismus GmbH
Centroallee 261
46047 Oberhausen
Mail: info@ruhr-tourismus.de
www.ruhr-tourismus.de

Informationen zum Programm, Spielorten, Shuttlebussen und Nahverkehr:

Tel.: 01805-181650
(0,14 Euro/Min. aus dem dt. Festnetz, bis zu 0,42 Euro/Min. aus dem dt. Mobilfunknetz)
www.extraschicht.de

Preise: zwischen 7,50 und 18 Euro für alle Spielorte, inkl. freier Nutzung des ÖPNV (VRR) und der Shuttlebusse, Kinder (bis 6) frei

Spielzeiten: Sa 18-2 Uhr

kunft. In ihrer früheren Funktion werden sie ja nicht mehr gebraucht. Die Zeiten der Kohle- und Stahlproduktion im Ruhrgebiet gehen zu Ende, jedenfalls in den Maßstäben von früher. Auf den alten Flächen zieht jetzt neues Leben ein. Ein Beispiel dafür ist das Bergwerk West in Kamp-Lintfort, aus dem bis 2012 noch Kohle gefördert wurde. In Zukunft wird hier gewohnt, gearbeitet – und gelernt: Die Hochschule Rhein-Waal zieht auf das Gelände.

Das ganze Spektrum an Kulturveranstaltungen der ExtraSchicht zu beschreiben, würde den Rahmen dieses Buchs sprengen. Außerdem wird das Programm von Jahr zu Jahr umgestellt und mit neuen Ideen erweitert. Die Seite www.extraschicht.de hilft bei der Programmauswahl.

Außer dieser einen Nacht gibt es eine weitere Möglichkeit, in die Industriegeschichte der Region einzutauchen: die „Route der Industriekultur". Ein Straßenrundkurs von 400 Kilometern Länge führt zu den Zeugen des Wandels im Ruhrgebiet. Wer lieber mit dem Rad unterwegs ist, kann sich ebenfalls freuen: 700 Kilometer Radwegenetz erschließen die Metropole Ruhr. Da gibt es dann kein Feuerwerk, wie bei der Extra-Schicht, aber dafür stehen die Radwege das ganze Jahr zur Verfügung.

Feuer auf der Henrichshütte Hattingen: früher fürs Eisen, heute für die ExtraSchicht

Route der Industriekultur

Zum Kernnetz des Straßenrundkurses gehören 25 Ankerpunkte, die Highlights des industriekulturellen Erbes. Außerdem können an 16 Aussichtspunkten Panoramen der Industrielandschaft bewundert werden, und auch die 13 schönsten Siedlungen liegen auf der Route.

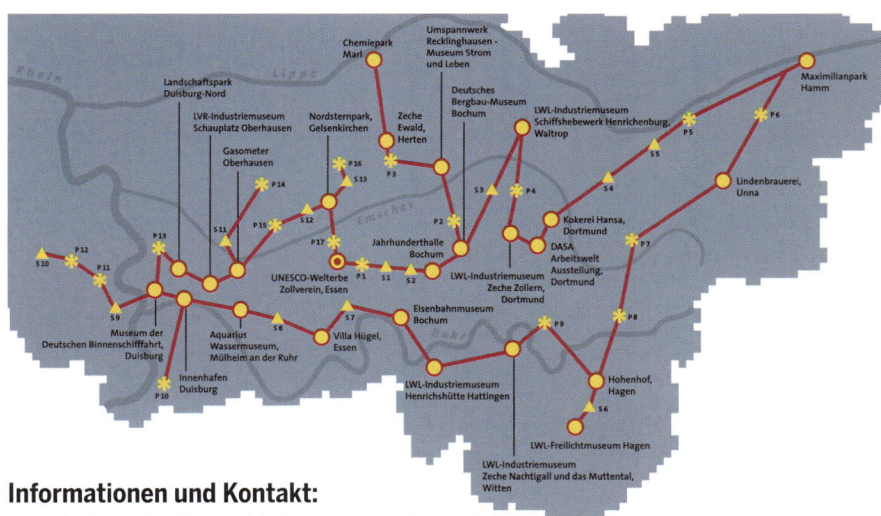

Informationen und Kontakt:

RUHR.VISITORCENTER / Besucherzentrum Ruhr
Kohlenwäsche, Schacht XII [A14]
Route der Industriekultur
Gelsenkirchener Straße 181, 45309 Essen, Tel.: 0201-24498932
Mail: info@route-industriekultur.de, www.route-industriekultur.de

Per Luftschiff über das Revier fliegen

Von oben sieht NRW gleich ganz anders aus

WDR 2 Moderator Sven Pistor vor der „Zigarre" – mit diesem Luftschiff ging's hoch hinaus

Einmal mit dem Luftschiff fliegen, um das Wege-, Autobahn-, Schienen- und Wasserstraßennetz des Reviers in seiner Komplexität zu erkennen. So lautete der Vorschlag ans WDR 2 50-Dinge-Team. Man kann es auch einfacher fassen: Mit dem Luftschiff über das Revier fliegen, weil das „einfach nur super ist"! Das fand jedenfalls Sven Pistor, bei WDR 2 Hörern vor allem bekannt, weil er „Liga Live" moderiert (siehe auch ein paar Seiten weiter auf Platz acht der 50 Dinge).

Besonders, nachdem er die Fußballstadien in Bochum und Gelsenkirchen ausgiebig von oben bewundert hatte. Ansonsten gab es an diesem heißen Augusttag vor allem proppenvolle Freibäder zu sehen und jede Menge Planschbecken in den Gärten. 40 Grad herrschten am Boden, als das Luftschiff startete, in ein paar Hundert Metern Höhe waren es etwa drei bis vier Grad weniger.

Das Fahrzeug, mit dem unser Moderator unterwegs war, hat zwei Motoren. Jeder verfügt

Fliegen oder fahren?

Für sein Luftschiff beantwortet Pilot Frank Luderer diese Frage ganz einfach: „Wir fliegen, weil wir zwei Motoren haben und 10 bis 20 Prozent aerodynamischen Auftrieb. Deswegen kann man schon von Fliegen sprechen."

Bei Heißluftballons spricht man dagegen von Fahren. Grund: Sie steigen von allein, weil sie leichter sind als die Luft.

Sightseeing aus der Vogelperspektive: die Schleuse am Baldeneysee in Essen

über 210 PS und treibt damit einen Propeller an. Auf diese Weise bewegt sich die dicke, 60 Meter lange „Zigarre" zwar gemütlich, aber stetig: 30 bis 40 Stundenkilometer über Grund macht so ein Luftschiff. Den Passagieren bleibt also jede Menge Zeit, um sich an der Landschaft wirklich sattzusehen. An dem Tag, den WDR 2 für den Flug erwischt hatte, war die Sicht gut: 40 bis 50 Kilometer weit konnte Sven Pistor das Revier überblicken.

Nach dem Start am Flughafen Essen-Mülheim steigt man zunächst einmal auf 300 Meter auf. Höher geht nicht, weil das Luftschiff sonst in die Einflugschneise des Düsseldorfer Flughafens geraten würde. Erst wenn der Kapitän – so wird der Pilot eines Luftschiffs genannt – aus dieser Gefahrenzone rausgesteuert hat, geht es noch weiter nach oben: bis auf 650 Meter. Gesteuert wird der Zeppelin übrigens nicht nur mit den Händen, sondern auch mit den Füßen. Pedale regeln die Motorenleistung, über ein großes Handrad bestimmt der Käpt'n die Flughöhe. Und dann gibt es noch jede Menge Regler, um Gasgemisch und Ballast genau auszubalancieren. Das erfordert konzentrierte Arbeit, vor allem beim Starten und Landen.

So ruhig wie in einem großen Flugzeug geht es allerdings an Bord des Luftschiffs nicht zu. Das Motorengeräusch ist deutlich zu hören, und wenn das Luftschiff in eine Thermik fliegt, steigt die Fuhre spürbar. In die kleine Gondel passen außer dem Kapitän noch sechs Passagiere.

Bei der Landung waren alle restlos begeistert, auch unser Reporter. Sven Pistors Fazit nach seinem Jungfernflug: „Wer kann, sollte es auf jeden Fall machen!"

Frisch gezapft schmeckt es am besten – egal, für welche Sorte man sich entscheidet

Den Vergleich von Alt, Kölsch und Pils wagen

Das kleine NRW-Geschmacksexperiment

„Fällt ein Kölsch in den Rhein. Wenn es schal und alt ist, ist es in Düsseldorf angekommen." Wie oft müssen sich die Hauptstädter diesen Spruch anhören, und sie kontern gerne: „Kölsch ist ein Frauenbier. Das schmeckt nach nix." Die beiden großen Städte am Rhein pflegen ihre Vorurteile. Ihre Rivalität macht sich nicht zuletzt am Bier fest.

Alle Argumentationen, beides seien obergärige Biere und im Geschmack gar nicht so weit auseinander, fruchten nicht. Und Pils trinken die Eingefleischten eh nur dann, wenn es „ihr" Bier nicht gibt. Damit sind sie allerdings allein. Von einigen Ausnahmen abgesehen steht der Rest Nordrhein-Westfalens eher auf Pils als auf eine der lokalen Sorten.

Alle, die es genau wissen wollen, sollten den Test mit verbundenen Augen machen. Einfach mal zwei Pils, zwei Alt, zwei Kölsch in neutralen Gläsern probieren – ohne hinzuschauen. Selbst der Bierfachmann wird da höchstwahrscheinlich Erstaunliches feststellen: Bei den gängigen Bieren der Großbrauereien ist tatsächlich so gut wie nicht festzustellen, welches Bier man gerade verköstigt. Alle schmecken relativ sanft und gar nicht so unähnlich.

Besser klappt die Unterscheidung bei den Bieren der kleinen Privatbrauereien. Der Geschmack ist hier meist kräftiger, zuweilen gar eigenwillig. Zumindest kann man wesentlich besser Unterschiede herausschmecken. Aber auch beim Testen der kleinen Brauereien gilt: Die Sprüche über die Biersorte sind meist markanter als die Unterschiede, die der Fachmann herauszuschmecken meint.

Vieles ist eben doch gleich. Deshalb lohnt es sich meistens, dort, wo man ist, ein lokales Bier zu bestellen. (In Münster unbedingt mal eine Altbierbowle bestellen – mit Früchten!) Das freut die Ortsansässigen und zeugt von einer Weltoffenheit im Kleinen.

Brauhaustradition

Etwa seit dem 19. Jahrhundert werden die Kellner in den Brauhäusern von Köln, Bonn, Düsseldorf und Krefeld als Köbesse bezeichnet. Köbes sein ist mehr als ein Beruf, es ist eine Lebenseinstellung. Als Gast muss man sich an die oft ruppige Art des Köbes erst gewöhnen. Es dauert, aber den meisten gelingt es, ihren Köbes irgendwann lieb zu gewinnen. Nicht zuletzt, weil er leere Gläser ganz ohne Aufforderung durch volle ersetzt – so lange, bis der Gast einen Bierdeckel auf sein Glas legt, dann wird gezahlt.

Ein Zeichen von Höflichkeit wäre es, anschließend den Geschmack auch noch zu loben – aber wir wollen mal nicht zu viel verlangen. Am besten geht man in ein Brauhaus, wo der Kellner Köbes heißt und wo man, wenn man nicht mehr weitertrinken will, seinen Deckel auf das Glas legen muss. Das sollte man tunlichst tun, bevor der Deckel „rundgetrunken" ist.

In der Hauptstadt servieren die Köbesse Altbier, wie hier in der Brauerei „Uerige"

Grundwissen für Bierfreunde

ⓘ

Reinheitsgebot: Nach dem deutschen Reinheitsgebot darf Bier seit fast 500 Jahren nur Hopfen, Malz, Hefe und Wasser enthalten. Weitere Infos auf www.brauer-bund.de

Obergärige Biere gären bei einer wohligen Temperatur von 15 bis 20 Grad. Die Vergärung verläuft deutlich schneller als bei untergärigen Sorten. Weil man für die Herstellung keine Kühlung benötigt, wird dieses Bier schon seit Hunderten von Jahren gebraut. Typische obergärige Sorten sind u. a. Kölsch, Alt und Weizen.

Untergärige Biere benötigen für die Gärung eine kühle Temperatur von 4 bis 9 Grad und haben deshalb eine längere Gärzeit als obergärige Sorten. Erst mit den frühen Kühlmöglichkeiten wie Eiskellern (siehe Platz IX im Extra-Teil Seite 154) wurde dieses Verfahren möglich. Typische untergärige Sorten sind z. B. Pils, Lager und Bockbier.

Altbier: Das relativ dunkle Bier stammt aus Düsseldorf und vom Niederrhein. Altbier hat einen durchschnittlichen Stammwürzegehalt – eine entscheidene Messgröße beim Bierbrauen – von 11,5 Prozent und einen Alkoholgehalt von etwa 4,8 Prozent. Es ist damit ein klassisches Vollbier. Das typische Altbierglas ist zylindrisch, fasst 0,2 Liter und ist breiter als ein Kölschglas.

Kölsch: Dieses Bier darf nur aus Köln oder dem direkten Umland stammen, denn der Begriff „Kölsch" ist mit einer geografischen Herkunftsbezeichnung geschützt. Es ist ein helles, hopfenbetontes Bier. Genau wie beim Alt handelt es sich mit einem Stammwürzegehalt von 11,3 Prozent um ein Vollbier, der Alkoholgehalt liegt ebenfalls bei ca. 4,8 Prozent. Fast die Hälfte der Gesamtproduktion geht in die Gastronomie, kein anderes Bier erreicht diesen Wert. Serviert wird Kölsch im klassischen 0,2-Liter-Kölschglas (Stange), einem schlanken, zylindrischen Glas – vor allem wohl deshalb, weil das Bier nach dem Einschenken seinen frischen Geschmack und auch seine Schaumkrone sehr schnell verliert.

Pils: Das beliebteste Bier der Deutschen ist das Pils. Sein Anteil am gesamten Bierausstoß liegt bei über 55 Prozent. Das nach Pilsener Brauart hergestellte Bier ist stark gehopft und daher besonders herb. Der Stammwürzegehalt liegt hier bei höchstens 12,5 Prozent, der Alkoholgehalt zwischen 4 und 5,2 Prozent. Pilsbiere werden oft in einer sogenannten Tulpe serviert, einem leicht bauchigen Glas, das oben wieder schmaler wird.

Hautnah dabei – WDR 2 Moderatorin Sabine Töpperwien berichtet aus dem Stadion

Bundesligakonferenz live auf WDR 2 hören

Und mitjubeln, wenn beim Fußball ein Tor fällt

Aus ästhetischer Sicht fragwürdig, aber sicherlich Genuss pur: Der Vorschlag von WDR 2 Hörer Thomas Steinberg brachte den Kultfaktor der Bundesligaschlusskonferenz auf den Punkt: „Einmal im Unterhemd in der Einfahrt das Auto putzen und dabei Fußballkonferenz hören."

„WDR 2 Liga Live" heißt die Sendung, die Hörerinnen und Hörer am Samstag zwischen 14 und 18 Uhr über das Geschehen im Bundesligafußball informiert. Die Kultsendung

wurde 2010 von der Grimme-Preis-Jury mit dem Deutschen Radiopreis ausgezeichnet, als bestes Sportformat.

Der WDR war vom allerersten Bundesligaspieltag an live dabei: Am 24. August 1963 ging die Konferenz erstmals über den Äther. Kurt Brumme moderierte damals an: „Und nun wieder nach Münster ins Preußenstadion. Toni Kahl, wie sieht's aus gegen den HSV?" Mit Preußen Münster ging es seither leider etwas bergab, aktuell spielt man in der dritten Liga. Aber die Konferenz ist inzwischen nicht mehr aus einem Fußballwochenende wegzudenken.

An die zehn Millionen Menschen sind in Deutschland vor den Radios, wenn die Reporter sich gegenseitig ins Wort fallen und die packendsten Szenen live schildern. Atemlose Eile gehört dabei zum Konzept, denn – „Toooor in Dortmund!" – man kann auch jederzeit sofort wieder unterbrochen werden. Zum Beispiel, wenn in München ein Elfmeter gepfiffen wird oder in Bremen ein Spieler vom Platz fliegt. Die Livereportagen werden bundesweit von anderen ARD-Radiosendern übernommen. Weil sich so viele Hörer beschwerten, dass die Nachrichten zur vollen Stunde mitten in die Übertragung platzten, verschob man beim WDR sogar die „heilige Kuh" in die Halbzeitpause.

WDR 2 Sportchefin Sabine Töpperwien sagte zu wdr.de: „Das Besondere ist, dass alles live ist. Dass keiner weiß, was passiert und wann wer wen unterbricht, um ‚Tor' zu rufen. Es ist ein Kribbeln der ganz besonderen Art!" Trotz ihres Jobs als Sportchefin lässt sie es sich nicht nehmen, nach wie vor selber Spiele zu kommentieren.

Als sie selbst 1989 ihre erste Livereportage für die Sendung machte (HSV – St. Pauli, 0:0), war sie die erste Frau in diesem Job. Erboste Hörer riefen damals beim WDR an und beschwerten sich, Frauen gehörten in die Küche und nicht in die Reporterkabine. Die Zeiten haben sich, dem Fußballgott sei Dank, seit damals geändert. Nur das Autowaschen im Unterhemd in der Einfahrt, das bleibt wohl für immer eine reine Männersache.

„Mal verliert man, und mal gewinnen die anderen ..."

Mit der Einführung der Fußballbundesliga im Jahr 1963 ging auch die erste Bundesligakonferenz im WDR Radio auf Sendung. Seit vielen Jahrzehnten produziert WDR 2 für die gesamte ARD die Bundesligakonferenz. Die Sendung „Liga Live" beginnt am Samstag um 14 Uhr mit Vorberichten und Musik. Um 15.30 Uhr wird bundesweit in fünf Stadien gleichzeitig angepfiffen. Die Reporter kämpfen um Sendeminuten. Sie können sich gegenseitig hören und sich bei einem Tor sofort zu Wort melden. Gegen 17.15 Uhr enden die Spiele, um 18 Uhr die Sendung. „Liga Live" heißt es beim WDR auch, wenn einzelne Begegnungen stattfinden – z. B. am Sonntag. Nur die Bundesligakonferenz, die gibt es nur am Samstag.

NRW und der Fußball

Nordrhein-Westfalen stellt in so gut wie jeder Bundesligasaison die meisten Vereine in der höchsten deutschen Spielklasse. Besonders im Ruhrgebiet identifizieren sich viele Einwohner mit ihrem Heimatverein. In der Saison 2013/14 sind von 18 Vereinen vier aus NRW: Borussia Dortmund, FC Schalke 04, Borussia Mönchengladbach, Bayer 04 Leverkusen.

Alle in einem Boot – WDR 2 Moderatorin Steffi Neu mit ihren Gastgebern

Das Ruhrgebiet vom Wasser aus erkunden

Mit dem Boot auf der Ruhr entschleunigen

Reinhard Giepen hatte von der WDR 2 Aktion gehört und sofort eine Mail geschrieben: „Man muss mal mit dem Boot auf der Ruhr unterwegs gewesen sein! Und: Ich biete gerne mein Boot zum Ausprobieren an. Es liegt sowieso in Mülheim." Da ließ sich Moderatorin Steffi Neu nicht zweimal bitten, kramte ihren Strohhut raus und stellte sich als Reporterin zur Verfügung. An einem strahlenden Augusttag stieg sie an Bord der „Vision" und fragte nach einem Platz auf dem Sonnendeck. Damit konnte das Boot (auf das maximal sechs Personen passen) leider nicht dienen, dafür bot Skipper Reinhard aber an: „Du kannst gerne mal das Steuer übernehmen."

Auf der Ruhr geht es familiär zu. Vor der Abfahrt in Mülheim bekam die Besatzung noch Kaffee vom Nachbarboot rübergereicht (Dank an Karin und Jürgen!), dann wurde

Tour auf der Ruhr – die Bootsfahrt zeigt die grüne Seite des Ruhrgebiets

abgelegt. Schnell erreichte die Fuhre ihre Höchstgeschwindigkeit von etwa 18 Stundenkilometer, Ziel war der Baldeneysee.

Drei Stunden waren für Hin- und Rückweg veranschlagt. Am Ende sind es vier geworden, was sicherlich auch damit zusammenhing, dass Steffis Strohhut viermal ins Wasser fiel und wieder rausgekeschert werden musste. Besonders spannend fand unsere Reporterin das Schleusen. In Essen-Kettwig wurde die große Schleuse extra für die kleine „Vision" geflutet – die drei Euro Gebühr verschmerzt man da leicht.

Das Picknick am Steg (harte Eier) gehörte an diesem Tag auf der Ruhr ebenso dazu wie der leichte Sonnenbrand, den unsere Testerin sich einfing. Die Sonnencreme hatte sie nämlich vergessen. Man muss allerdings auch den Tiefpunkt des Tages erwähnen. Einige WDR 2 Hörer hatten nämlich von der Tour gehört und sich per Fahrrad auf den Weg gemacht, um die Bootspartie zu treffen. Auf dem Uferweg überholten sie die „Vision". Und wer Steffi kennt, weiß: Von

Freizeitradlern überholt zu werden, das kann sie nicht gut aushalten.

Letzten Endes konnte sich aber auch unsere Moderatorin doch noch mit dem gemächli-

Wissenswertes zur Ruhrschifffahrt

Die Ruhr ist von der Mündung in den Rhein bis zum Ruhr-Kilometer 41,6 (Zornige Ameise, Essen-Rellinghausen) für Fahrzeuge mit Maschinenantrieb schiffbar. Teilweise findet auf der Strecke auch Berufsschifffahrt statt. Verkehrssaison ist vom 15. April bis zum 15. Oktober, außerhalb dieser Zeiten erfolgt das Befahren auf eigene Gefahr. Informationen zur Ruhrschifffahrtsverordnung, zur Schifffahrt und zum Wassersport auf der Ruhr sowie zu aktuellen Hinweisen gibt es bei der Bezirksregierung Düsseldorf (www.brd.nrw.de, unter dem Stichwort „Verkehr", dann „Schifffahrt/Schiffsverkehr/Häfen").

chen Tempo auf dem Fluss anfreunden. Zurück in Mülheim hatte sie an diesem Tag schließlich drei wichtige Dinge gelernt. Erstens das Steuern: „Man muss immer zwischen dem Grünen und dem Roten durchfahren."

Zweitens war sie wirklich erstaunt, welche Ruhe und Menschenleere so eine Flussfahrt mitten im bevölkerungsreichsten Bundesland bietet. Und drittens: „Es ist so unglaublich grün!"

Raus aufs Wasser!

Man muss nicht gleich Bootsbesitzer sein, um das Ruhrgebiet von einer anderen Seite zu erleben. Entlang der Ruhr und an den vielen Seen gibt es zahlreiche Anbieter, die Boote verleihen oder Rundfahrten mit Personenschiffen im Programm haben – für einen kleinen Ausflug oder sogar für einen mehrtägigen Kurzurlaub. Auch Rudern und Kanufahren erfreuen sich auf der Ruhr größter Beliebtheit. In größeren Gruppen, wie bei Schul- oder Betriebsausflügen, kann man bei mehreren Anbietern verschiedene Touren, zum Beispiel auch Wanderfahrten, buchen.

Weitere Informationen gibt es zum Beispiel hier:

Ruhr Tourismus GmbH
Centroallee 261
46047 Oberhausen
Tel.: 01805-181620
(0,14 Euro/Min. aus dem dt. Festnetz,
bis zu 0,42 Euro/Min. aus dem dt. Mobilfunknetz)
Mail: info@ruhr-tourismus.de
www.ruhr-tourismus.de

Ruhrverband
Kronprinzenstraße 37
45128 Essen
Tel.: 0201-1780
Mail: info@ruhrverband.de
www.ruhrverband.de

Buchtipp
Nicht auf der Ruhr, sondern auf der Themse, und das auch schon vor 100 Jahren, spielt der Roman „3 Männer im Boot" von Jerome K. Jerome (Piper, 1998), einem englischen Autor. Aber er gibt wunderschön das Gefühl wieder, das sich beim Bötchenfahren auf dem Fluss einstellt. Ein Klassiker für alle, denen Selbstschippern dann doch zu aufwendig ist.

WDR 2 Moderator Stefan Vogt und Comedian Fritz Eckenga beim „Aus'm-Fenster-Hängen"

Vom Fenster aus das Viertel beobachten

Natürlich stilsicher im Doppelripp-Unterhemd

Das Ruhrgebiet bietet viele relativ enge Straßen mit relativ niedrigen Häusern. Ideale Voraussetzungen, um vom Fenster aus ein bisschen in die Gegend zu spechten und vielleicht sogar ein Schwätzchen zu halten.

Höher gelegene Wohnungen sind dafür nicht sehr geeignet. Erdgeschossfenster sind gut, Hochparterre ist eigentlich ideal: Man hat einen guten Überblick, ist aber noch in Sprechentfernung von Passanten.

Für WDR 2 hat Moderator Stefan Vogt (Bochumer) ausprobiert, wie es sich anfühlt, in Dortmund-Dorstfeld am Fenster zu hängen. Als professionelle Ausrüstung hatte er ein weißes Doppelripp-Unterhemd dabei – und natürlich ein stabiles „Ommakissen" zum Abstützen der Ellbogen.

Das Aus-dem-Fenster-Hängen lässt sich im Radio nicht sehr gut präsentieren. Es gibt dabei recht lange Phasen, in denen nix passiert. Und selbst wenn man in einem Gespräch ist, hört man oft wenig. Stefan Vogt: „Im Ruhrgebiet geht vieles ja nonverbal. Wenn überhaupt Worte gewechselt werden, dann nur wenige."

Um diesem Problem zu begegnen und dem mitgebrachten Ü-Wagen auch was zum Senden zu geben, hatte die Redaktion sich einen Trick ausgedacht: Neben Vogt im Fenster stand auch noch Fritz Eckenga (Lütgendortmunder), bekannt aus dem WDR 2 Mittwochskabarett. Seine Qualifikation: „Ich häng' ständig aus dem Fenster."

Glossar gebräuchlicher Redewendungen

Un? Wörtlich: „Und?" (Als Begrüßung zu verwenden.)

Jo. Standardantwort auf „Un?", kann bereits als Ausstieg aus der Konversation benutzt werden. Dann ab jetzt nichts mehr sagen, aber höflicherweise einen Moment stehen bleiben und die Straße runterschauen.

Fahrrad kannste hier aber nich hinstellen! Alternative Begrüßung zu „Un?". Braucht nicht beantwortet zu werden, sollte allerdings befolgt werden, weil sonst nachher ein Ventil fehlen könnte.

Wie is'? Übertragung von „Wie geht es dir?", allerdings universeller zu verstehen: Bezieht sich auch auf Familie, Arbeitsplatz, politische Weltlage und die Möglichkeit weiterer Freizeitgestaltung (siehe „Bierchen?").

Ja, muss. Standardantwort auf „Wie is'?". Keine Bedeutung.

Auma wieder da? Mit oder ohne Fragezeichen zu sprechen, je nachdem, ob als Frage gemeint oder als Feststellung. Nur verwenden, wenn die letzte Begegnung länger her ist als eine Stunde!

Machst du denn hier? Betonung auf „du"! Als Einladung zu weiterer Unterhaltung gemeint.

Bierchen? Bedeutung: „Bleib bitte die nächsten vier bis sechs Stunden hier."

Kumma! Wörtlich: „Guck mal!" = Aufforderung, irgendwohin zu gucken. Als Reaktion blickt man in die angegebene Richtung und schüttelt anschließend empört oder resigniert den Kopf.

Ja, dann ham wir's ja so weit. Schlussformel. Auszusprechen nach mindestens fünfminütigem, beiderseitigem Schweigen. Danach kann weiterspaziert bzw. das Fenster geschlossen werden.

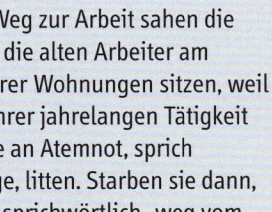

Stefan Vogt übt sich in typischer Fensterbankkommunikation

So konnten die beiden miteinander sprechen oder die Passanten anquatschen. Der Moderator war gut vorbereitet und hatte auch ein Tagesthema aus der Redaktion mitgebracht: das Wetter. Es war warm. (Eckenga: „Die Sonne brennt, die Sonne sticht, die Doofen gehn zur Mittagsschicht.")

Viele Gespräche mit dem Mann auf der Straße kamen an diesem Augusttag trotzdem nicht zustande. Vogt nach einer Weile resigniert: „Der Vormittag geht dann doch relativ zäh rum." Doch da brachte Hänge-Experte Fritz Eckenga eine weitere Dimension ein: „An sich ist das ja mehr so 'ne meditative Angelegenheit."

Ab da hörte man von den beiden gar nichts mehr. Eine wichtige Stufe auf dem Weg zur

Erleuchtung ist dieser Vorschlag aber sicherlich gewesen.

Bergmannstradition

Auf dem Weg zur Arbeit sahen die Bergleute die alten Arbeiter am Fenster ihrer Wohnungen sitzen, weil sie nach ihrer jahrelangen Tätigkeit unter Tage an Atemnot, sprich Staublunge, litten. Starben sie dann, waren sie sprichwörtlich „weg vom Fenster".

Wer noch kein passendes Ommakissen hat – das Internet hilft, zum Beispiel hier:
www.100haekelanleitungen.de
blog.dawanda.com

11

Die mythischen Externsteine besteigen

Die Steinformation steht in Horn-Bad Meinberg

Vor den geheimnisvollen Felsen staut sich der Bach Wiembecke zum Teich

■ Wie lange die Externsteine schon als Kultstätte verehrt werden, weiß man nicht. Fest steht, dass hier bereits in der Steinzeit Menschen waren. Und noch heute ziehen die senkrecht aufragenden, bizarren Sandsteinfelsen in der Nähe von Detmold Esoteriker wie Naturliebhaber an. Besonders die von Menschenhand geschaffenen Anlagen an den Felsen – wie Grottenanlage, Höhenkammer und Rundbogengrab – üben eine große Faszination auf Besucher aus. Über ihre Bedeutung wurde und wird seit Hunderten von Jahren wild diskutiert.

War es eine altsteinzeitliche, frühgermanische, keltische, römische oder christliche Kultstätte? Oder alles nacheinander? Wer hat hier wann was gemacht? So richtig klären wird man das nie. Die Nationalsozialisten versuchten, die Externsteine in ihre Ideologie einzuordnen, als Sonnenheiligtum und deutsches Nationaldenkmal. Sie führten Ausgrabungen durch. Was unter den Funden nicht in die Theorie passte, wurde passend gemacht. Nach dem Zweiten Weltkrieg verwarfen die Wissenschaftler das meiste davon wieder.

Die Externsteine liegen im Teutoburger Wald im Herzen des Lipperlandes

Auch heute gibt es noch Vertreter aller möglichen Theorien. Manche wollen unbedingt die Sonnenwenden hier erleben, andere konzentrieren sich auf die christlichen Spuren – die meisten wollen einfach nur die Steine erleben und ihr Geheimnis spüren.

Einfach so besteigen darf man die Externsteine allerdings nicht. Bei Tausenden von Besuchern muss so etwas organisiert werden. Über eingehauene Stufen und Treppchen kann man zwischen den Felsen herumklettern und sich dabei vorstellen, was die Menschen in den vergangenen Jahrtausenden hier gemacht haben. Und das sollte ein Nordrhein-Westfale auf jeden Fall auch mal erlebt haben.

Ein bisschen Geologie

Die Externsteine bestehen aus Osning-Sandstein. Der entstand vor gut 100 Millionen Jahren, als die Gegend noch Meeresboden war. Der geologische Trick der fünf Felsen ist, dass die Gesteinsschichten hier im Laufe der Erdgeschichte um 90 Grad gekippt wurden und deshalb senkrecht stehen. Den Rest besorgten Witterung, die die Kanten rund schliff, und Erosion, die die Zwischenräume freilegte. In der Nähe gibt es ansonsten kaum Felsen, das macht sie noch auffälliger.

Kraxeln am Natur- und Kulturdenkmal

Der Name der Felsformation geht nach einer von vielen Erklärungen auf die Ähnlichkeit mit den Zinken einer Egge (landwirtschaftliches Gerät) zurück. Deshalb nannte man sie früher auch Eggsterfelsen.

Infozentrum Externsteine
Externsteiner Straße 35, 32805 Horn-Bad Meinberg
Tel.: 05234-2029796, www.externsteine-info.de

Preise: Besteigung 3 Euro, Kinder 1 Euro, Parkgebühren 2,50 Euro/Pkw, Dauerausstellung im Infozentrum kostenlos

Zeiten: Besteigung der Externsteine April-3. Nov. täglich 10-18 Uhr, im Winter je nach Wetter; Infozentrum April-Okt. täglich 10-18 Uhr, Nov., Dez., März Di, Do-So 10-16 Uhr, Jan./Feb. Sa/So 10-16 Uhr

Führungen mit Besteigung der Felsen: April-Okt. sonn- und feiertags 11 Uhr, Treffpunkt Infozentrum, Erwachsene 5 Euro, Kinder 2,50 Euro, weitere Informationen unter www.landesverband-lippe.de

Wandern: Der Hermannsweg (markiert mit weißen H auf schwarzem Grund) führt an den Externsteinen vorbei. Er verbindet über 150 Kilometer Horn-Bad Meinberg mit Rheine. Wanderkarten gibt es im Handel oder online z. B. unter www.wanderkompass.de

12

WDR 2 Moderator Helmut Rehmsen vor dem „gigantisch großen Loch", das sich in den nächste

Eine Exkursion zum Tagebau unternehmen

In Garzweiler soll bis 2045 gebaggert werden

Kaum irgendwo kann man besser beobachten, wie der Mensch die Natur verändert, als an einem Tagebauloch. Wer zum ersten Mal in so eine Grube schaut, ist baff. Der erste Kommentar lautet meist: „So riesig hätte ich mir das nicht vorgestellt!" Was riesig heißt? 30 Quadratkilo-

meter! Wenn man das Areal des Tagebaus Garzweiler als Beispiel nimmt.

Im Rheinland gibt es drei Tagebaue: Hambach, Inden und Garzweiler. Irgendwann in der Zukunft werden sich dort wohl riesige Seen erstrecken. Die gigantischen Bagger

hrzehnten noch bis Erkelenz ausdehnen soll

sind daran befestigt – jede hat das Fassungsvermögen eines Lastwagens. „Ein gigantischer Bagger, ein gigantisch großes Loch!" lautete das Fazit des Moderators. „Ein eindrucksvoller Anblick, den man so schnell nicht vergessen wird."

Die Faszination hat leider auch eine Schattenseite: Die Ortschaften, die über dem Abbaugebiet liegen, sind beim Braunkohleabbau natürlich im Weg. Man kann sie nicht untertunneln oder als Inseln stehen lassen – sie müssen abgerissen werden. Seit Jahrzehnten werden deswegen Bewohner umgesiedelt. Unnötig zu sagen, dass die meisten davon nicht begeistert sind. Sie verlieren ihre Heimat. In einigen Kilometern Entfernung vom alten Dorf bekommen die Menschen neue Häuser. Von Otzenrath ziehen sie dann beispielsweise nach Neu-Otzenrath.

Trotzdem stehen an den Ortseingängen der betroffenen Dörfer Schilder, auf denen es heißt: „Wir bleiben!" – so lange, bis das letzte Haus dann schließlich doch verlassen wird. Schon vorher verschwinden die Hinweisschilder auf die Orte von den Kreuzungen an den Landstraßen. Die verbliebenen Bewohner freuen sich nicht über Schaulustige. Ein paar Wachleute achten darauf, dass niemand in die leeren Häuser einsteigt.

Informationen über den Tagebau liefert das Besucherzentrum „Forum :terra nova" bei Elsdorf am benachbarten Tagebau Hambach. Im Infopavillon gibt es theoretisches Wissen und vor der Tür die Praxis: Der Grubenrand verläuft unmittelbar vor der Aussichtsterrasse. Wenn man Glück hat, kommt gerade der Bagger vorbei.

der RWE, darunter der weltgrößte Schaufelradbagger, wühlen sich Tag und Nacht durch das Erdreich. Bis zu 350 Meter tief reichen die Sohlen. Die Braunkohle wird zum größten Teil in Kraftwerken verbrannt. Das Produkt der dabei entstehenden Hitze ist Strom. Im Jahr 2008 stammte fast ein Viertel des deutschen Stroms aus solchen Braunkohlekraftwerken.

WDR 2 Moderator Helmut Rehmsen verschaffte sich Einblicke in den Alltag am Tagebau Garzweiler. Ausnahmsweise durfte er auf einen der riesigen Bagger klettern. In 30 Metern Höhe besichtigte er die Kontrollkanzel. Über Joysticks wird von hier aus das wuchtige Schaufelrad bedient. 20 Schaufeln

Monströs: Eine Umdrehung dieses Schaufelradbaggers füllt 20 Lkw-Ladungen

Wo andere eine Grube graben ...

i

Braunkohletagebau Garzweiler
Parkplatz: Stresemannstraße 4
50181 Bedburg-Kaster

Tel.: 0800-8833830 (kostenlose Hotline)
Mail: besucher.rwepower@rwe.com
www.tagebau-garzweiler.com, www.rwe.com/besichtigungen-braunkohle

Tagebau-Aussichtspunkte: Finden sich am Grubenrand an verschiedenen Stellen. Da die Gruben wandern, sollte man nach Hinweisschildern Ausschau halten. RWE stellt auf Anfrage per E-Mail oder Telefon (siehe oben) auch Wegweiser zur Verfügung.

Kostenlose Busexkursionen: An vier bis fünf Sonntagen zwischen Mai und Oktober starten RWE-Busse am Parkplatz der Tennishalle an der Stresemannstraße in Bedburg-Kaster. Die Führungen sind gratis, eine Anmeldung ist nicht erforderlich. Ab 10 Uhr werden vor Ort Platzkarten mit festen Abfahrtszeiten ausgegeben. Termine werden auf der RWE-Homepage veröffentlicht.

Führungen: Ganzjährig ab 25 Personen buchbar. Hierfür ist eine Anmeldung erforderlich, die Teilnahme ist kostenlos.

Braunkohletagebau Hambach
Das zweistöckige Besucherzentrum „Forum :terra nova" liegt nur 100 Meter von der Abbaukante entfernt. Es dient nicht nur als Aussichtspunkt, Infocenter und Ausstellungsort, ihm ist auch Gastronomie angeschlossen:
Terra Nova (neu gebaute Straße, für Navis ggf. „Nordrandweg" eingeben)
50189 Elsdorf-Berrendorf, www.tagebau-hambach.com

Gastronomie im Forum :terra nova
Geöffnet: täglich 10-21.30 Uhr
Tel.: 02274-7062878
www.eventforum-terranova.de

13

Mit dem Frachtschiff übern Rhein schippern

Als Passagier an Bord eines Binnenschiffes

Dank der günstigen Lage des Flusses blickt die Rheinschifffahrt auf eine lange Tradition zurück

Wenn man auf einer der Rheinbrücken steht und hinunterschaut, passiert es manchmal, dass das Wasser unten plötzlich unruhiger wird, dann erscheint der Bug eines großen Frachters genau unter einem, und schließlich schiebt sich das ganze lange Schiff unter der Brücke hervor. Ganz hinten ist das Kapitänshäuschen, und auf der Plattform im Heck stehen oft noch ein oder zwei Autos, manchmal ist auch ein kleiner Spielplatz für Kinder installiert. Viele denken sich dann: Da müsste man doch mal mitfahren können. So ungemütlich sieht das gar nicht aus.

Das geht tatsächlich. Manche Frachtschiffkapitäne nehmen Passagiere mit. Es gibt allerdings keinen Fahrplan oder feste Routen.

Mit etwas Glück kann man vom Frachter aus Highlights wie den Kölner Dom bestaunen

Die meisten der Frachter, die wir auf dem Strom sehen, fahren nämlich nicht einfach nur zwischen zwei bestimmten Häfen hin und her. Sie reagieren flexibel: Wenn es irgendwo etwas abzuholen gibt, fahren sie hin.

Da kann man als Passagier natürlich schlecht sagen: „He! Aber ich wollte doch unbedingt an Nonnenwerth vorbeischippern!" (Siehe Platz 48 der 50 Dinge.) Einen festen Reiseplan mit kalkulierbaren Zwischenstopps wird man also kaum garantiert bekommen. Drei-Sterne-Komfort wohl auch nicht. Die Einrichtung eines solchen Schiffes ist eher zweckmäßig als luxuriös. Manche Schiffer unterhalten eigene Internetseiten. Die Bildergalerien zeigen ganz gut, wie die Ausstattung eines Frachtschiffs aussieht. Auf jeden Fall erlebt man den Alltag der Besatzung hautnah mit.

Mithilfe an Bord darf man übrigens anbieten. Wahrscheinlich wird man auch hier und da mal ein Tau in die Hand bekommen. Als Gegenleistung fürs Mitnehmen kann man das allerdings nicht anrechnen, einen Fahrpreis muss man auf jeden Fall bezahlen.

Binnenschifffahrt in Zahlen

Fast 7.500 Kilometer Bundeswasserstraßen gibt es in Deutschland. Davon liegen 623 Kilometer auf dem Rhein. Er gehört übrigens zu den am stärksten befahrenen Wasserstraßen der Welt. 223 Millionen Tonnen Fracht wurden 2012 über die Bundeswasserstraßen transportiert. Gut 5.500 Menschen arbeiten auf Frachtschiffen, dazu kommt noch das Landpersonal mit über 1.500 Beschäftigten. 3.000 Tonnen Ladung gehen auf ein modernes Binnenschiff von 110 Metern Länge. Das entspricht 150 Lkws. Mehr Zahlen und Fakten gibt es beim Bundesverband der Deutschen Binnenschifffahrt unter www.bdbev.de

Eine Flussfahrt, die ist lustig

Für Mitfahrer
Verschiedene Agenturen vermitteln Mitreisegelegenheiten. Terminlich muss man aber flexibel sein.
Für Gruppen sind die Frachter nicht ausgelegt. Es ist eher etwas für individuelle Abenteurer! Auch die Preise und die Unterbringungsmöglichkeiten variieren stark je nach Frachtschiff. Eine „Hand-gegen-Koje-Vereinbarung", sprich, dass man, statt zu zahlen, auf dem Schiff mit anpackt, ist jedoch unüblich – dafür braucht es doch eine professionelle Ausbildung. Infos zu Mitfahrmöglichkeiten gibt es unter www.binnenschiffe.de

Für zukünftige Schiffer
Die Binnenschiffer suchen Nachwuchs. Alles Wissenswerte über die Ausbildung zum Binnenschiffer findet man auf der Seite des Bundesverbandes der Deutschen Binnenschifffahrt (www.bdbev.de). Ausbilden lassen kann man sich am Berufskolleg in Duisburg-Homberg: schiffer-bk.de

14

Die 100 Meter lange „Korallenstraße" war vor Urzeiten ein Korallenriff am Meeresboden

Die Kluterthöhle in Ennepetal erforschen

Um den Klutertberg rauschte einst das Meer

Extremsportler, Kinder und Asthmatiker haben wohl eher wenig gemeinsame Interessen, aber die Kluterthöhle finden alle drei Gruppen toll. In Deutschlands größter Naturhöhle können Kinder Erlebnistouren machen, Extremsportler kommen in den schwierigen Gängen an ihre körperlichen Grenzen, und Menschen mit Erkrankungen der Atemwege und der Haut erholen sich in dem Heilstollen bei konstanten feuchten zehn Grad.

Rund 360 verschiedene Gänge führen auf knapp fünfeinhalb Kilometern durch die Höhle, immer entlang an den 370 Millionen Jahre alten Felsen. Hier ist etwas für jeden Geschmack dabei. Die Forscherkinder finden unterirdische Seen und Bäche, Korallen und Millionen Jahre alte Fossilien. Von den Decken hängen Fledermäuse. Besonders spannend wird es, wenn die Entdecker mit Taschenlampe und Helm ausgerüstet durch die unbeleuchteten Gänge gehen. Hier müssen die Abenteuerlustigen auch schon mal klettern, kriechen und sogar auf dem Bauch durch Engstellen robben. Ein Paradies für alle, die sich gerne schmutzig machen und die keine Angst vor Enge und Dunkelheit haben. Für diese Erlebnistouren sollten die Kinder allerdings feste Schuhe anhaben und mindestens acht Jahre alt sein.

Aber auch für kleinere Kinder hat die Kluterthöhle etwas Besonderes. Sie können hier mithilfe eines waschechten Piraten den Schatz von König Kluti finden und heben.

Erwachsene Sportler mit dem Hang zum Nervenkitzel suchen Letzteren eher nicht, dafür aber ihre eigenen Grenzen. Und die finden sie in der Kluterthöhle mental und körperlich. Das Gangsystem ist so weitverzweigt und unübersichtlich, dass auch dem Härtesten schon mal das Herz in die Hose rutschen kann. Teilweise müssen sich Sportler in absoluter Dunkelheit und vollkommener Stille fortbewegen.

WDR 2 Hörerin Heike Steimann-Monse meint: „Genau das sollte man einmal ausprobieren. Man klettert durch solch enge Gänge und muss auf dem Rücken liegend unter riesigen Felsen hindurchrobben. Das ist schon etwas, das man sein Leben lang nie vergisst, wirklich!"

Gefunden! Kleine Piraten heben Klutis geheimnisvollen Seeräuberschatz

Seit fast 60 Jahren ist die Kluterthöhle zudem Mitglied des Deutschen Bäderverbandes und trägt das Prädikat Heilstollen. In dicke Decken eingemummelt liegen die Kurpatienten hier auf Liegestühlen und atmen die befreiende Luft der Höhle ein.

Mit einer Grundfläche von 400 mal 200 Metern ist die Höhle groß genug, dass jede der drei Gruppen sie ungestört auf ihre Weise genießen kann, es sei denn, Klutis Schatz liegt zufällig unter einem der Patientenstühle verborgen.

XX-treme Tour: nichts für schwache Nerven

Für Entdecker   ⓘ

Haus Ennepetal
Eingang zur Höhle direkt gegenüber
Gasstraße 10
58256 Ennepetal
Tel.: 02333-98800
Mail: info@kluterthoehle.de
www.kluterthoehle.de

Preise: 6 Euro, Kinder (2-15) 4 Euro; Gruppen können eine Schatzsuche buchen. Weitere Sonderführungen, wie die XX-treme Tour oder die Erlebnistour, siehe Homepage

Geöffnet: täglich 10-16 Uhr, Führungen zu jeder vollen Stunde, außer 12 Uhr

Die Kluterthöhle

Geologisch gehören die Schichten des Klutertberges zu den Honseler Schichten, die sich vor etwa 370 Millionen Jahren im Meer bildeten. Die 360 Gänge der Höhle messen insgesamt stolze 5497 Meter. Der begehbare Schauhöhlenbereich misst allerdings lediglich 180 Meter. Die Temperatur liegt konstant bei zehn Grad.

Die erste Erwähnung der Höhle geht vermutlich auf das Jahr 1586 zurück. Das älteste bekannte Dokument stammt allerdings aus dem Jahr 1698. Im Laufe der Jahrhunderte wurde die Höhle immer wieder erforscht und beschrieben, Pläne wurden angelegt, und im Jahr 1884 gab es die ersten Führungen durch die Schauhöhle. Der neuste Höhlenplan entstand übrigens 1996.

15

Geheimnis auf dem Seegrund: An einer Steilwand, 50 Meter in der Tiefe, liegt die Bounty

Im Rursee nach der Bounty tauchen

Auf Entdeckungstour im Nationalpark Eifel

Der schmale Lichtkegel der Taschenlampen erhellt immer nur wenige Zentimeter des Bodens. Graubraun liegen Fels, Steinchen und Sand vor dem Auge der Unterwasserkamera. Plötzlich: die Umrisse eines Bootes! Das ist sie, die sagenumwobene Bounty!

Für geübte Taucher lässt sich diese Entdeckungsreise im Rursee nachahmen. Um gleich Enttäuschungen vorzubeugen: Die Bounty hier in der Nordeifel ist kein Dreimaster aus dem 18. Jahrhundert. Und an Bord hat auch noch keiner einen Topf mit Golddublonen oder antike Schätze gefunden. Es handelt sich um ein Anglerboot, das irgendwann im See versunken ist.

Außer der Eifel-Bounty kann man noch ein paar weitere „Ostereier" auf dem Grund des Sees entdecken. Zum Beispiel einen Gartenzwerg oder einen Wegweiser des Kreuzauer Tauchclubs, der auch federführend den öffentlichen Tauchbetrieb am See organisiert (siehe dazu Infokasten). Mit der Fisch- und Pflanzenvielfalt sieht es dagegen mau aus. Nur ein paar Hechte, Schleien, Plötzen, Welse und Wassermolche soll es geben. Dafür sind die Schiefer- und Felsformationen umso imposanter.

Der Rursee ist Deutschlands zweitgrößter Stausee und liegt im Nationalpark Eifel. Er entstand 1934 mit dem Bau der Staumauer in Schwammenauel. Es sind aber nicht nur Taucher hier. Auch andere Aktivitäten im und am Wasser, wie zum Beispiel Angeln, Tret- und Ruderboot- und sogar Kanufahren, sind am Rursee möglich. Eine Flotte von Ausflugsdampfern bietet Rundfahrten an. Und rund um den See findet man zahlreiche Strandbäder und Wanderwege. Wer also nicht tauchen kann oder will, hat trotzdem jede Menge Möglichkeiten, seine ganz persönliche Entdeckung am Rursee zu machen.

„Amazonas der Eifel": Der malerische Rursee ist der zweitgrößte Stausee Deutschlands

Auf Tauchstation

Die Bounty liegt in gut 50 Metern Tiefe vor der Eschauler Bucht, unterhalb des Örtchens Nideggen-Schmidt. In dieser Bucht gibt es zwei Tauchplätze, Bank 1 und Bank 2, die für den Tauchbetrieb freigegeben sind. Sie werden vom Tauchsportverband NRW sowie den örtlichen Tauchvereinen betrieben.

Grundvoraussetzungen

Fürs Abtauchen im Rursee sind ein Tauchschein (= Brevet), eine gültige tauchsportärztliche Untersuchung sowie die Mitgliedschaft in einem Tauchverein, der vom Verband Deutscher Sporttaucher (VDST) bzw. vom Welttauchsportverband CMAS anerkannt ist, nötig.

Die entsprechenden Nachweise müssen beim Diensthabenden des Rursee-Dienstes vorgelegt werden. Die kleine Zentrale – ein Wohnwagen – liegt 500 Meter vom Parkplatz „Sonnenstrand Eschauel" entfernt (Tel. 02474-1791). Von hier aus wird der Tauchbetrieb überwacht.

Wann kann getaucht werden?

Das Tauchen ist vom 1. April bis 31. Oktober an Wochenenden und Feiertagen (9.30-17 Uhr) gestattet. Für Gasttaucher kostet die Tageskarte 5,50 Euro, die Saisonkarte 40 Euro. Mitglieder der örtlichen Vereine tauchen kostenlos.

Aus Sicherheitsgründen dürfen nur Gruppen ab zwei Personen im Rursee tauchen, Bank 1 und Bank 2 setzen unterschiedliche Ausbildungsstufen der Taucher voraus!

Weitere Infos zum Tauchen im Rursee gibt es u. a. bei diesen örtlichen Tauchclubs:

www.kreuzauer-tauchclub.de (federführende Organisation des öffentlichen Tauchbetriebs im Rursee) Mail: uwe.tl@t-online.de
www.duerener-unterwasserclub.de Mail: info@duerener-unterwasserclub.de
www.atc-ev.de Mail: mail@atc-ev.de
www.sporttauchclub-heimbach.de Mail: info@sporttauchclub-heimbach.de

Über Wasser – Freizeit am Rursee

Baden ist nur an ausgewiesenen Stellen erlaubt, beispielsweise im Naturerlebnisbad Einrur oder am Sonnenstrand Eschauel.

Im umliegenden Nationalpark Eifel sind Wildkatzen, Schwarzstörche und über 1.600 weitere bedrohte Tier- und Pflanzenarten beheimatet. Freitags und samstags finden kostenfreie Rangertouren statt, eine Anmeldung ist nicht erforderlich.

Einen Überblick über die zahlreichen Freizeitmöglichkeiten bietet:
Rursee-Touristik
Seeufer 3, 52152 Simmerath
Tel.: 02473-93770
Mail: info@rursee.de
www.rursee.de

Weitere Linktipps:
www.rurseeschifffahrt.de
www.nationalpark-eifel.de

16

In den Wallfahrtsort Kevelaer pilgern

Der Jakobsweg führt auch zum Niederrhein

Wo damals das Bildstöckchen stand, wurde die Gnadenkapelle erbaut

■ Zugegeben, es ist weder Lourdes noch Santiago de Compostela, dafür ist es aber auch nicht so weit weg. Und mit rund einer Million Pilger pro Jahr gilt Kevelaer als einer der größten Wallfahrtsorte im Nordwesten Europas, wenn nicht sogar als der größte. Jedes Jahr im Mai geht es los: Am 1. wird das Pilgerportal der Marienbasilika geöffnet, und dann wallfahren die Pilger zu Fuß, auf dem Motorrad oder sonstwie in Scharen nach Kevelaer, um dort das Gnadenbild der Maria zu sehen. Und wie es sich für einen echten Wallfahrtsort gehört, gibt es auch in Kevelaer eine hübsche Gründungslegende inklusive dazugehöriger Wunder.

Auf dem Weg zur Arbeit kniete der Händler Hendrick Busman aus Geldern an einem kalten Dezembermorgen 1641 an einem Wegkreuz nieder, um zu beten. Plötzlich hörte er eine Stimme, die ihn aufforderte: „An dieser Stelle sollst du mir ein Kapellchen bauen!" Insgesamt dreimal vernahm er die Stimme. Gehört, beschlossen, Busman setzte sich in den Kopf, die Kapelle zu er-richten. Als dann auch noch seine Frau Mechel Schrouse nachts ein großes, glänzendes Licht sah, in dessen Mitte sich ein Heiligenhäuschen mit einem Bildchen der Jungfrau Maria befand, ging er an die Arbeit.

Am 1. Juni 1642 war es dann endlich so weit. Der Pfarrer weihte das Bildstöckchen ein, und damit war das wichtigste Datum in der Geschichte Kevelaers entstanden. Noch heute steht dort unter einem Wappenschild „An(n)o 1642 Hendrick Busman – Mechel Scholt gegev(en)".

Wie bei einem Wallfahrtsort üblich, ließen die Wunder nicht lange auf sich warten: Lahme konnten wieder gehen, Blinde wieder sehen, offene Wunden schlossen sich plötzlich. Schnell wurde Busmans Gedenkstock in der Gegend bekannt. Doch das Holzkreuz, an dem Busman die Stimme gehört hatte, litt unter den Pilgern. Als Souvenir nahmen sich viele einen Splitter davon mit, sodass es nach kurzer Zeit schon ziemlich verkommen aussah und entfernt wurde. Heute steht dort die sechseckige Gnadenkapelle,

Die Kerzenkapelle ist die älteste Wallfahrtskirche der Stadt

das Herzstück der Wallfahrt. In ihr findet der Pilger immer noch dasselbe Marienbild wie zu Busmans Zeiten. Ihr Gnadenbild haben die Kevelaerer nämlich zu allen Zeiten bestens geschützt. Wiederholt musste es versteckt werden, zuerst vor den Franzosen, zuletzt im Zweiten Weltkrieg.

Auch sonst war Kevelaer oft den Wirren der Geschichte ausgesetzt. Bereits vor 1792 war es ein bekannter Wallfahrtsort und nicht zuletzt für die Herbergsbesitzer der damaligen Zeit eine gute Einnahmequelle. Aber mit der französischen Besetzung Ende des 18. Jahrhunderts wurde die Wallfahrt verboten. Später führten die Preußen das Verbot fort. Auf der anderen Seite stärkte die katholische Kirche dem Wallfahrtsort den Rücken und erlaubte dem Pfarrer, an Marienhochfesten den päpstlichen Segen zu verleihen.

Blick in die St.-Marien-Basilika

Heute erinnert wenig an die erste bescheidene Pilgerstätte. Eine Vielzahl von Kapellen und Kirchen wartet auf den Pilger. Kevelaer ist in allen Belangen für die vielen Pilger ausgestattet. In der päpstlichen Basilika finden die großen Pilgergottesdienste statt, in der Kerzenkapelle ziehen die meisten Prozessionen ein. Am 1. November ist dann Schluss. Das Pilgerportal der Basilika wird verschlossen, in Kevelaer kehrt Ruhe ein – bis zum nächsten Mai.

Wir sind dann mal weg

Gnadenkapelle, Kerzenkapelle und St.-Marien-Basilika
Kapellenplatz 35
47623 Kevelaer
Tel.: 02832-122151
(Verkehrsbüro Kevelaer)
Mail: info@wallfahrt-kevelaer.de
www.wallfahrt-kevelaer.de

Geöffnet: Kernzeiten täglich 7.30-18.30 Uhr

Weitere Informationen zur Wallfahrt in Kevelaer unter www.kevelaer.de

Kevelaer liegt auf dem Jakobsweg Rhein-Maas, der über 255 Kilometer vom niederländischen Millingen am Rhein bis ins belgische Lüttich führt. Dabei passiert er die deutschen Städte Kranenburg, Goch, Weeze, Kevelaer, Walbeck und Straelen.

Infos zu diesem und anderen deutschen Jakobswegen gibt es zum Beispiel hier:
www.jakobspilger.lvr.de

17

Götz George als TV-Kommissar in seinem letzten Tatort „Der Fall Schimanski"

Schimanski im „Tatort" gesehen haben

Ein spannender Krimiabend mit Kultstatus

2008 ließ die „Bild am Sonntag" eine Umfrage machen, wer unter den Tatort-Kommissarinnen und Kommissaren am beliebtesten sei. Das Ergebnis war verblüffend: Schimanski war Nummer eins – obwohl es zu der Zeit überhaupt keine neuen Filme mehr mit Schimanski als Polizist gab.

1981 begann die Krimikarriere des Duisburger Kriminalhauptkommissars Horst Schimanski mit dem Tatort „Duisburg-Ruhrort". Zehn Jahre später, 1991, verabschiedete sich „Schimmi" fürs Erste wieder aus dem Fernsehen: Mit einem Drachen entschwebte er seinen Kollegen.

In den zehn Jahren mischte er den Sonntagabend auf. Nie zuvor hatte es einen so raubeinigen Tatort-Ermittler gegeben. Schimmi ernährte sich anscheinend ausschließlich von Alkohol und Currywurst, wurde schon mal handgreiflich, benutzte dauernd das Wort „Scheiße" und bereicherte die Plots um dramatische Beziehungsgeschichten. Er teilte die Tatort-Fans in zwei Lager. Die einen waren begeistert, die anderen fanden den ordinären Typ scheiße (nahmen aber dieses Wort natürlich nicht in den Mund). Bei seinem Abgang hinterließ der Kommissar eine Lücke. Einen so brachialen Ermittler gab es danach erst mal nicht mehr.

1997 bekam Schimanski eine eigene Filmreihe außerhalb der Tatort-Serie. Er hat nicht noch mal bei der Polizei angefangen, sondern arbeitet jetzt als freier Ermittler. Gespielt wird er nach wie vor von Götz George, der im Sommer 2013 übrigens sei-

Fortsetzung folgt ...

Schimanski-Folgen aus dem Tatort

28.06.1981	Duisburg-Ruhrort
13.12.1981	Grenzgänger
07.03.1982	Der unsichtbare Gegner
27.06.1982	Das Mädchen auf der Treppe
12.12.1982	Kuscheltiere
03.04.1983	Miriam
25.03.1984	Kielwasser
22.07.1984	Zweierlei Blut
09.12.1984	Rechnung ohne Wirt
31.03.1985	Doppelspiel
18.08.1985	Das Haus im Wald
13.04.1986	Der Tausch
10.08.1986	Schwarzes Wochenende
28.12.1986	Freunde
08.06.1987	Spielverderber
01.05.1988	Gebrochene Blüten
21.08.1988	Einzelhaft
28.12.1988	Moltke
09.04.1989	Der Pott
20.08.1989	Blutspur
03.12.1989	Katjas Schweigen
13.05.1990	Medizinmänner
02.09.1990	Schimanskis Waffe
28.10.1990	Unter Brüdern
09.06.1991	Bis zum Hals im Dreck
27.10.1991	Kinderlieb
29.12.1991	Der Fall Schimanski

Kino-/Fernsehfilm

10.10.1985	Zahn um Zahn (Film)
05.03.1987	Zabou (Film)

Schimanskis eigene Filmreihe

09.11.1997	Die Schwadron
16.11.1997	Blutsbrüder
23.11.1997	Hart am Limit
25.10.1998	Muttertag
15.11.1998	Rattennest
06.12.1998	Geschwister
07.11.1999	Sehnsucht
12.11.2000	Tödliche Liebe
03.12.2000	Schimanski muss leiden
09.12.2001	Kinder der Hölle
08.12.2002	Asyl
11.01.2004	Das Geheimnis des Golem
26.06.2005	Sünde
22.04.2007	Tod in der Siedlung
20.07.2008	Schicht im Schacht
30.01.2011	Schuld und Sühne
10.11.2013	Loverboy

nen 75. Geburtstag gefeiert hat. In einem Interview begründete er, warum er den Schimanski mag: „Er ist Polizist, aber manchmal auch ein kleiner Gauner, er ist Liebhaber und noch vieles mehr."

Die alten Tatorte werden immer mal wieder in ARD-Programmen – vor allem den Dritten – wiederholt. 27 Schimanski-Folgen und zwei Kinofilme gab es. Alle sind als DVD erhältlich.

Schimanski immer
„Hart am Limit"

Kult-Kommissar

Der erste Satz
Als „Duisburg-Ruhrort", der erste Schimanski-Tatort, 1981 zum ersten Mal ausgestrahlt wurde, war der allererste Satz, den man von dem neuen Kommissar vernahm: „Du Idiot, hör auf mit der Scheiße!"

Die Schimanski-Jacke
Sein Outfit, die „Schimanski-Jacke", war eine Feldjacke der US-Streitkräfte. Sie gilt bis heute als Markenzeichen. Immer mal wieder wurde die Jacke beschädigt oder ging ganz kaputt. Deswegen gab es mehrere Exemplare. Zwei davon sind in Museen in Duisburg und Essen zu besichtigen:

Kultur- und Stadthistorisches
Museum Duisburg
Johannes-Corputius-Platz 1
47051 Duisburg
Tel.: 0203-2832640
www.stadtmuseum-duisburg.de

Ruhr Museum Essen, Zollverein A 14
(Schacht XII, Kohlenwäsche)
Gelsenkirchener Straße 181
45309 Essen
Tel.: 0201-24681444
www.ruhrmuseum.de

Schimanski im Internet
Der Journalist Harald Schraper unterhält seit 1996 eine Internetseite rund um die legendäre Rolle Horst Schimanski. Für Fans eine wahre Fundgrube:
www.horstschimanski.info

18

Das Mittelgebirge am Rhein bietet Romantik, Natur, Geschichte – und mehr als sieben Gipfel

Die Gipfel des Sieben-gebirges stürmen

Sieben an einem Tag – das schafft man!

■ Das Siebengebirge könnte auch „Ungefähr-vierzig-Gebirge" heißen, denn es besteht aus wesentlich mehr kleineren und größeren Gipfeln als nur sieben. Aber bei der Zählung der bekanntesten kommt man auf die magische Zahl: Drachenfels, Löwenburg, Lohrberg, Nonnenstromberg, Ölberg, Petersberg und Wolkenburg. Die höchste Erhebung ist der Ölberg, er ist 460 Meter hoch. Entstanden ist das Ensemble vor 25 Millionen Jahren, aufgeworfen durch Vulkane und dann langsam dekorativ erodiert.

Eine Besteigung des Drachenfels gehörte schon zu unseren ersten „50 Dingen". Diesmal geht es um das ganze Siebengebirge! Und das ist tatsächlich an einem Tag zu bezwingen.

Seit vielen Jahren veranstaltet der Skiclub Bad Honnef eine „Volkswanderung" über die sieben Berge. Etwa 1.000 Teilnehmer gehen jedes Jahr auf die 28 Kilometer lange Strecke. Von der Insel Grafenwerth aus (siehe auch Platz 48 der 50 Dinge) geht es auf den Drachenfels, dann entlang

So weit die Füße tragen

Für Wanderungen im Siebengebirge wird die Wanderkarte NRW Nr. 22 „Bonn, Siebengebirge und Kottenforst" empfohlen (Maßstab 1:25.000).

Tourist-Information Siebengebirge
Drachenfelsstraße 51
53639 Königswinter
Tel.: 02223-917711
www.siebengebirge.com

Dort gibt es für 9,80 Euro auch eine Wanderfibel mit 22 Touren. Weitere Karten und Touren:
www.gehdochmal.de

Einmal jährlich veranstaltet der Skiclub Bad Honnef seine Wanderung „Sieben auf einen Streich".
Infos dazu auf skiclub-badhonnef.de/7-auf-einen-streich/
Solowanderer können sich dort eine Wanderkarte herunterladen.

Mehr zum Siebengebirge:
Siebengebirgsmuseum
Kellerstraße 16
53639 Königswinter
Tel.: 02223-3703
www.siebengebirgsmuseum.de
(Auf der Homepage findet man auch Termine zu geführten Wanderungen in der Region)

Preise: 4 Euro, erm. 2,50 Euro

Geöffnet: Di-Fr 14-17 Uhr, Sa 14-18 Uhr, So 11-18 Uhr

des Burgbergs der Wolkenburg zum „Milchhäuschen" und zum Petersberg. Die nächsten Etappen sind der Stenzelberg, die Burgruine Rosenau, der höchste Punkt – der Ölberg, die Margarethenhöhe und der Nasseplatz. Nach einer Rast wandert man weiter zum Lohrberg und hinauf zur Löwenburg. Ab hier geht es immer bergab, durchs Annatal nach Rommersberg und wieder zum Ausgangspunkt am Rhein zurück. Termine und Wanderkarte zur Tour gibt es im Netz, siehe Infokasten.

Wer es ohne Termin und Volksmassen angehen möchte, folgt der „Wanderung der zehn Bergaussichten". Die Touristeninformation Siebengebirge stellt diese Tour in ihrer Wanderfibel vor. Knapp 25 Kilometer mit einem fast alpinen Höhenprofil führen zu tollen Aussichtspunkten. Empfohlen wird die Route für geübte Wanderer, aber keine Sorge: Es liegen auch fünf Waldgaststätten an der Strecke.

19

Den Spuren der Xantener Römer folgen

Eine Reise zur Stadt Colonia Ulpia Traiana

Das ist ja wie in Rom! Die Rekonstruktion des römischen Hafentempels im APX

Für dieses Ding geht's in der Geschichte weit zurück: Um 12 vor Christus entstand im heutigen Xanten ein römisches Heerlager. Es wurde einer der wichtigsten militärischen Punkte des ganzen Imperiums. Etwa 10.000 Legionäre waren hier stationiert. Ihre Spuren kann man noch heute im Xantener Boden verfolgen.

Vor der Ankunft der Römer war die Gegend am Niederrhein nur dünn besiedelt. Mit der Errichtung des Lagers zogen auf einmal Menschen aus der ganzen damaligen bekannten Welt her. Legionäre wurden im gesamten Römischen Reich rekrutiert – und das erstreckte sich von Großbritannien bis Nordafrika. Dazu kamen Ehefrauen, Sklaven, Händler und Handwerker, die ebenfalls aus allen Himmelsrichtungen stammten. Die verschiedensten Sprachen, Religionskulte und Kleidungsstile mischten sich. Ein ziemlich buntes Bild muss das ergeben haben, trotz der Disziplin in der Armee.

Colonia Ulpia Traiana hieß die Stadt, die beim Römerlager entstand. Sie blühte ein paar Hundert Jahre lang, bis fränkische Krieger Ende des 3. Jahrhunderts Garnison und Stadt überrannten. Im 5. Jahrhundert schließlich begann die christliche Geschichte des Ortes, der heute Xanten heißt.

Der besondere Glücksfall für Archäologen und Geschichtsfans: Die Fläche der römischen Kolonie wurde nie überbaut. Alle späteren Siedlungen lagen neben den antiken Stätten. Deshalb können Besucher in Xanten heute noch Zeugen römischer Städtebaukunst und Architektur werden. Es gab Thermen, ein Amphitheater und ein akkurat geplantes Straßennetz.

Spektakel nach römischem Vorbild: Legionäre im Amphitheater beim Römerfest

Der LVR-Archäologische Park Xanten ist das größte archäologische Freilichtmuseum Deutschlands. Eine halbe Million Besucher kommen jedes Jahr, um die wiederaufgebauten Tempel, Theater und Thermen zu erleben. Zusammen mit Sonderausstellungen und Events führt der APX uns zurück in eine Zeit, in der wir alle mal Römer waren.

Viele Wege führen ins alte Rom

LVR-Archäologischer Park Xanten und LVR-RömerMuseum
Am Rheintor, 46509 Xanten, Mail: apx@lvr.de, www.apx.lvr.de

Preise: 9 Euro, Kinder und Jugendliche (bis 18) frei

Geöffnet: März-Okt. täglich 9-18 Uhr, Nov. bis 17 Uhr,
Dez.-Feb. 10-16 Uhr (24., 25., 31. Dez. geschlossen)

Auskunft und Buchungen von Führungen und Gruppenangeboten gibt es beim Besucherservice Xanten (Tel. 02801-9889213) oder bei kulturinfo rheinland (Tel. 02234-9921555, www.kulturinfo-rheinland.de).

Veranstaltungen im Park
Bei laufenden Ausgrabungen zusehen oder das römische Leben kennenlernen – von Mai bis September findet jedes Wochenende im APX zwischen 11 und 17 Uhr ein römisches Wochenende mit wechselnden, spannenden Themen statt.

An jedem ersten Sonntag im Monat führen Archäologen und Gastführer durch das LVR-RömerMuseum (Start 11 Uhr, keine Extrakosten, nur regulärer Eintritt). Die familienfreundliche Führung dauert etwa eine Stunde.

Besonderes Highlight im Veranstaltungskalender ist das Römerfest „Schwerter, Brot und Spiele": Akteure in originalgetreuer Kleidung lassen das Römische Reich noch einmal auferstehen. Europas größtes Römerfest seiner Art findet in unregelmäßigem Rhythmus alle zwei bis drei Jahre im Sommer statt. Das nächste ist für 2014 angekündigt.

Das komplette Programm wird auf der Homepage des APX zum Download angeboten.

Die Reste der großen Thermen schützt ein Konstrukt

20

Kultur im Klosett – dieses öffentliche stille Örtchen übertrifft alle Erwartungen

Das WC unter Münsters Domplatz benutzen

So schön können öffentliche Toiletten sein

Dass der Münsteraner Wochenmarkt zu den Dingen gehört, die man als Nordrhein-Westfale unbedingt einmal erlebt haben sollte, hatten wir ja bereits im ersten 50-Dinge-Buch festgestellt. Dass sich unter dem Markt bzw. unter dem Domplatz eine der schönsten Toiletten NRWs verbirgt, wissen die wenigsten.

Warum eigentlich muss eine öffentliche Toilette immer hässlich sein und fürchterlich müffeln? Das hat sich auch der Künstler Hans-Peter Feldmann aus Düsseldorf gefragt und eine Toilette entworfen, die nicht nur zum Wasserlassen, sondern auch zum Betrachten einlädt. Kunst am Klo sozusagen. Und so erlebt, wer in Münster mal

„muss" und auf dem Domplatz ein paar Stufen nach unten geht, seit sechs Jahren eine kleine Überraschung. Statt tristem Grau in Grau erwarten ihn hier großzügige, moderne Badkeramik, farbige Fliesen, zwei großformatige Bilder und bunte Kronleuchter. „Unbedingt besuchenswert", findet WDR 2 Hörerin Jenny Heine, die dieses Örtchen für die 50 Dinge vorgeschlagen hat.

1955 sind die öffentlichen Toiletten unter dem Domplatz im Zuge des Wiederaufbaus nach dem Zweiten Weltkrieg entstanden. Den Charme der 1950er versprühten sie auch über eine lange Zeit hinweg. Zwar wurden sie anlässlich des Papstbesuchs in Münster 1987 renoviert, aber wirklich schön waren sie immer noch nicht. Dann kamen die „Skulptur Projekte Münster 07" und damit auch Hans-Peter Feldmann. Als Vertreter der demokratischen Konzeptkunst war

ihm klar: Auch ein Toilettenbesuch sollte kultiviert vonstattengehen, und er gestaltete die Toilette neu. Das Ergebnis genießen die Münsteraner noch heute und können sich nach einem ausgedehnten Markt- oder auch Dombesuch sehr stilvoll erleichtern.

Die Kunst-Toilette

Domplatz
48143 Münster

Geöffnet: Mo, Di, Do, Fr 8-20 Uhr, Mi+Sa 5-20 Uhr, So 9.30-18 Uhr

Die Nutzung ist kostenfrei.
Die Treppenabgänge befinden sich gegenüber der Postfiliale.

Infos zum Wochenmarkt:
www.wochenmarkt-muenster.de

Kleine Geschichte vom Örtchen

Schon die alten Römer führten öffentliche Toiletten im großen Stil ein, die sogenannten Latrinen. Diese wurden immer luxuriöser mit Säulen, Mosaiken und sogar Fußbodenheizung ausgestattet und boten bis zu 60 Personen Platz. Neben dem neuesten Klatsch wurde auch Geschäftliches ausgetauscht. Vermutlich kommt daher die Redewendung „sein Geschäft erledigen". Doch erst im industriellen England wurde die erste öffentliche Toilette der Neuzeit eingeweiht: 1852 in der Fleet Street in London.

„Toilette" ist die Verkleinerung von „toile" (= Tuch) und bedeutet wörtlich übersetzt „Tüchlein". Dieses Tuch wurde ursprünglich dazu benutzt, um Kosmetika darauf auszubreiten. Daraus entstanden die Wörter „Abendtoilette" oder „Toilettenartikel", die auch heute noch geläufig sind. Das Wort Toilette als Bezeichnung für das stille Örtchen diente also als Verhüllung.

21

Gemütlich, oder? Der NRW-Ministerpräsident wäre der Einzige mit Einzelzimmer gewesen

In den Bunker der Landesregierung steigen

Wo die NRW-Spitze den Dritten Weltkrieg simulierte

Auf den ersten Blick sieht man eine Doppelgarage und ein Wohnhaus. Von außen deutet nichts darauf hin, dass hier in Urft in der Eifel ein beängstigendes Zeugnis des Kalten Krieges steht.

Die Garagen sind nämlich gar keine! Sie sind der Eingang zu einem alten Bunker: zum „Ausweichsitz für die NRW-Landesregierung". In den 1960ern, zur Zeit von Kubakrise, Mauerbau und Wettrüsten für den Ernstfall – einen atomaren Angriff – errichtet. Natürlich unter strengster Geheimhaltung! Von diesem atomsicheren Schutzraum aus hätte die NRW-Regierung ihre Geschäfte weiterführen sollen. So zumindest war der Plan. Drinnen, verteilt auf 100 Zimmer über vier Etagen, hätten im Ernstfall Beamte der NRW-Ministerien gesessen – ohne Familienangehörige heimlich nachts dorthin gebracht, damit niemand erfahren hätte, wo sich die Regierung versteckte. Für 30 Tage hätten die Vorräte gereicht.

WDR 2 Moderatorin Kerstin Hermes und Bunkerbesitzer Klaus Röhling vorm Eingang

Der Komfort war bescheiden. Ein Atombunker hat natürlich keine Fenster, die dicken Betonwände sind schmucklos weiß, dicke Stahltüren trennen die Bereiche, und ein Schlafzimmer für sich allein hatte nur der Ministerpräsident. Alle anderen Insassen hätten sich – wenn der Bunker tatsächlich mal hätte benutzt werden müssen – auf Mehrbettzimmer verteilt.

WDR 2 Reporterin Kerstin Hermes war in Urft und hat sich so ein Zimmer angeschaut: Zimmer 137 ist ein Dreibettzimmer. Kleiderspinde gibt es aber für sechs Personen. Man hätte schichtweise geschlafen. Für die „Freizeit" zwischen Arbeit und Schlaf standen für 200 Insassen eine Bibliothek mit 32 (!) Büchern und ein paar Fernseher zur Verfügung.

Auch ein Radiostudio ist im Bunkerbau eingerichtet. Notfalls hätte der WDR von hier aus die Bevölkerung warnen und über den Kriegsverlauf informieren können. Das Studio sieht immer noch aus, als könnte man gleich auf Sendung gehen. Statt modernen Computern stehen alte Bandmaschinen da, aber die sind auch nach Jahrzehnten noch picobello gepflegt.

Fast 30 Jahre musste der Bunker ständig betriebsbereit gehalten werden, bis man ihn 1993 aufgab und an die Familie des damaligen Bunker-Hausmeisters verkaufte. Ernsthaft benutzt wurde der Ausweichsitz glücklicherweise nie. Aber zwölfmal gab es Übungen für den Tag X, da war dann auch das Sendestudio besetzt. Heute dient die Anlage nur noch als Dokumentationsstätte. Es ist kalt, nur sieben Grad sind es im Bunker, aber Kerstin Hermes fand nach dem Besuch: unbedingt machen, „es ist wahnsinnig spannend!".

Unterirdische Welten in der Eifel

Dokumentationsstätte
ehemaliger Ausweichsitz der Landesregierung NRW
Am Gillesbach 1
53925 Kall-Urft
Tel.: 02441-775171
Mail: info@ausweichsitz-nrw.de
www.ausweichsitz-nrw.de

Führungen: Sa 16 Uhr oder ab 10 Personen auf Anfrage, Dauer ca. 2 Stunden

Preise: 10 Euro, Kinder (bis 14) 5 Euro

Aber nicht nur der NRW-Bunker schlummert in den Eifelbergen. Auch die Bundesregierung wäre im Kriegsfall aus Bonn hierher geflohen. Unweit der NRW-Grenze in Ahrweiler (Rheinland-Pfalz) liegt der BRD-Ersatzregierungssitz. Aus der einst 19 Kilometer langen Anlage wären alle Landesausweichsitze koordiniert worden. Rund 200 Meter des Bunkers kann man ebenfalls besichtigen.

Dokumentationsstätte
Regierungsbunker
Am Silberberg 0
53474 Bad Neuenahr-Ahrweiler
Tel.: 02641-917175
Mail: regierungsbunker@alt-ahrweiler.de
www.regbu.de

Preise: 8 Euro, Kinder 3,50 Euro

Geöffnet: Mi, Sa/So 10-18 Uhr (Winterpause von Mitte Nov.-April), Zeiten der Führungen richten sich nach Besucheraufkommen, Dauer ca. 90 Minuten, letzte Führung 16.30 Uhr

Zwei Regierungsbunker an einem Tag
Die „Eifel-Bunker-Tour" verbindet die beiden Ausweichsitze. Maximal 50 Teilnehmer können so an einem Tag beide Stätten besichtigen.

Preise: 50 Euro, Kinder (bis 16) 34 Euro, Familienkarte 120 Euro (für Eintritt in beide Dokumentationsstätten, Busfahrt und Verpflegung)

Termine und Anmeldungen über Ahrtal-Tourismus
Tel.: 02641-917175
Mail: info@ahrtaltourismus.de
www.bunker-doku.de

22

Der Abendsonne entgegen: Zu Sonderterminen gondeln die Kabinen auch nachts über den Rhe

In der Seilbahngondel den Rhein überqueren

Die schönste Form, das Rheinufer zu wechseln

Die Kölner Seilschwebebahn gehört wortwörtlich zu den Höhepunkten der Rheinmetropole. Und sie gilt als Europas erste, die über einem Fluss hin und her gegondelt ist. Im Frühjahr 2013 lobte die zuständige Kölner Regierungspräsidentin die Seilbahn als das „sicherste Verkehrsmittel der Welt". Der Konzessionsverlängerung stand nichts im Weg. Seit 1957 ist die Anlage in Betrieb, Unfälle gab es in dieser Zeit keine.

Über 16 Millionen Fahrgäste haben sich in diesen fast 60 Jahren in die kleinen Vier-personengondeln gewagt und den Rhein in luftiger Höhe überquert. Eigentlich war das gar nicht so vorgesehen. Die Seilbahn sollte nämlich einfach nur Besucher zur Bundesgartenschau transportieren. Die fand am östlichen Rheinufer statt, Parkplätze gab es am westlichen Ufer, am Kölner Zoo. Zu den ersten Passagieren gehörten im Frühjahr 1957 ein Blumenfreund aus Rhöndorf (siehe Platz 40 unserer 50 Dinge), allerdings in seiner Eigenschaft als amtierender Bundeskanzler: Konrad Adenauer – und der damalige Bundespräsident Theodor Heuss.

Vier oder fünf Jahre sollte der spektakuläre Zubringer in Betrieb sein, das war der Plan. Dass die Bahn heute noch fährt, ist dem großen Erfolg zu verdanken. In den letzten Jahren sind die Passagierzahlen sogar noch gestiegen. Weit über 400.000 Tickets wurden 2012 verkauft. Die Faszination nimmt also nicht ab.

Heute gehört die Kölner Seilbahn zum KVB, den Kölner Verkehrsbetrieben. In ungefähr sechs Minuten überquert die Bahn den Fluss und bietet einen tollen Blick auf Dom und Stadt. Die Geschwindigkeit beträgt zehn Stundenkilometer, die Streckenlänge 930 Meter. Wichtigste Zahl für Leute mit Ängsten dürfte aber die zu den Höhenmetern sein: Der Mittelmast ist gut 50 Meter

hoch! Immer dran denken, es ist das sicherstes Verkehrsmittel der Welt ...

Toller Blick auf die Domstadt von oben

Bitte einsteigen!

Station „Zoo", linksrheinisch: Riehler Straße 180, 50735 Köln (Parkplätze am Zoo, Ausschilderung „Zoo/Seilbahn", Bus- und Bahnhaltestelle „Zoo/Flora")

Station „Rheinpark", rechtsrheinisch: Sachsenbergstraße/Ecke Auenweg, 51063 Köln (Parkplätze am Rheinpark, Ausschilderung „Thermalbad/Seilbahn", Bushaltestelle „Thermalbad")

Preise: Hinfahrt 4,50 Euro, Kinder (4-12) 2,50 Euro; Hin- und Rückfahrt 6,50 Euro, Kinder 3,70 Euro

Fahrzeiten: April-Okt. täglich 10-18 Uhr (letzte Abfahrt auf beiden Seiten 17.45 Uhr)

Weitere Infos, auch zu besonderen Veranstaltungen wie z. B. Nachtfahrten, gibt es auf www.koelner-seilbahn.de und unter den Telefonnummern 0221-5474183 oder 0221-5474274.

Heiraten über dem Rhein

Es gibt eine spezielle Hochzeitsgondel, in der Paare sich standesamtlich vermählen können. Trauzeugen und Familie können beim Jawort allerdings nicht hautnah dabei sein: Nur das Brautpaar und der Standesbeamte oder die Standesbeamtin haben Platz in der Kabine.

23

Zwischen den eindrucksvollen Felsformationen fühlt man sich schon fast wie ein Zwerg

Durch das Felsenmeer in Hemer spazieren

Diesen Ozean durchquert man trockenen Fußes

In einer weit, weit entfernten Galaxie auf einem fremden Planeten ... Oder doch nicht so weit entfernt? Die Landschaft, die so bizarr ist, dass sie wirklich aus einer anderen Welt stammen könnte, liegt direkt im Sauerland, genau genommen in Hemer. Das Felsenmeer! Ein Meer ganz ohne Wasser mit Wellenbergen aus Stein und tiefen Schluchten. Wie von einem Riesen gewürfelt liegen die Felsen in der Landschaft herum: große und kleine, verformte und runde. Bäume wachsen aus Felsspalten, kleine Höhlen tauchen auf. Einige Felsen haben dank ihrer Gestalt Namen bekommen wie das „Kamel", die „Rutschbahn" oder der „Elefant". Es gibt eine „Bärenschlucht" und einen Teil, der „Paradies" genannt wird.

Wer einen Spaziergang durch das Felsenmeer macht, kommt sich vor wie in einem

Fantasyfilm. Würde plötzlich ein Zwerg hinter einem Stein hervorlugen, eine Fee durch die Zweige flattern oder wuschelige kleine Fellbärchen durchs Unterholz rasen, man würde sich kaum wundern. Noch intensiver werden die Eindrücke, wenn man bei Regen oder Nebel unterwegs ist. Unheimlich ragen die Felsen aus dem wabernden Nebel heraus, und das diffuse Regenlicht lässt hinterlistige Gestalten vermuten.

Natürlich weiß man, wie diese außergewöhnliche Landschaft entstanden ist, aber schöner als die wissenschaftliche Erklärung sind natürlich die Sagen rund um das Felsenmeer. In einer hat der Teufel einfach Steine aus seinem Sack verloren, in einer anderen spielt der bekannte Zwergenkönig Alberich eine bedeutende Rolle: Sie besagt, dass in der Gegend die Zwerge nach Gold, Silber und Edelsteinen suchten und die Funde in ihrer Felsenburg versteckten. Die Riesen der Nachbarschaft wollten an die Schätze und machten sich auf, die Burg zu plündern. Sie kamen aber nur bis in die große Felsenhalle. Bei ihrer Ankunft wütete Alberich so fürchterlich, dass die Höhlendecke einstürzte und die Riesen unter sich begrub.

Beim Erkunden des Meers dürfen die markierten Wege nicht verlassen werden! Aber auch von dort hat man einen guten Blick. Zum Beispiel auf dem Panoramaweg: Er führt durch die schönsten Bereiche und zu beeindruckenden Aussichtspunkten.

Das steinerne Meer

Das Felsenmeer ist etwa 700 Meter lang, 200 Meter breit und trägt seit 2006 das Prädikat „Nationales Geotop". Entstanden ist diese sonderbare Landschaft durch Höhlenbildung und deren Einstürze während des jahrhundertelangen Eisenerzabbaus, der bereits im Mittelalter begann. In Kombination mit einer natürlichen Verkarstung, also der Korrosion des Gesteins, führte dies zum heutigen Aussehen des Felsenmeers. Vor rund 400 Millionen Jahren war hier übrigens ein gewaltiges Korallenriff.

Brücke und Aussichtsplattform machen noch bessere Einblicke ins Felsenmeer möglich

In Hemer hört man immer wieder die Geschichte von dem jungen Mann in Neopren, der mit einem Surfbrett unter dem Arm am Felsenmeer stand und sehr erstaunt war, hier kein Wasser vorzufinden. In der verkarsteten Landschaft gibt es viel zu erleben, aber das Surfbrett kann man dabei getrost zu Hause lassen.

Im Reich der Zwerge

ⓘ

Das Naturschutzgebiet Felsenmeer liegt zwischen den Hemeraner Stadtteilen Sundwig und Deilinghofen und ist ganzjährig frei zugänglich. Zur Landesgartenschau 2010 wurde es mit Steg, Brücke und Aussichtsplattform ausgestattet. An den Eingängen befinden sich Infotafeln. Informationen gibt es bei der Stadt Hemer unter:

Tel.: 02372-5510 und www.hemer.de

Auskünfte zu Gruppenführungen gibt es beim Kiosk der Heinrichshöhle. In der Tropfsteinhöhle kann man dem Reich der Zwerge auch gleich noch ein wenig näher kommen.

Heinrichshöhle
Felsenmeerstraße 7, 58675 Hemer, Tel.: 02372-61549, www.hiz-hemer.de

Preise: Führungen (ca. 40 Minuten) 4 Euro, Kinder (3-15) 3 Euro

Geöffnet: Osterferien bis Anfang Nov. 11-17 Uhr, Nov. + Jan. bis Osterferien So 12-16 Uhr und nach Absprache, Mo+Di geschlossen

Das Felsenmeer hat auch ein eigenes Museum in einer Jugendstilvilla in Sundwig:

Felsenmeer-Museum
Hönnetalstraße 21, 58675 Hemer, Tel.: 02372-16454, www.felsenmeer-museum.de

Preise: 2,50 Euro, erm. 1,50 Euro, Familienkarte 6 Euro

Geöffnet: Di, Fr, So 11-13 Uhr, Di-Fr auch 15-17 Uhr

Tipp für Familien und Pflanzenliebhaber
Direkt neben dem Felsenmeer liegt der Sauerlandpark. Dort locken neben bunten Schaugärten auch ein großer Waldspielplatz, ein aufwendig gestalteter Wasserspielplatz nebst Tunnelrutsche, ein Seilgarten und eine Skateanlage. Karten gibt es am Haupteingang:

Ticketshop Sauerlandpark
Ostenschlahstraße 60 (neu: Nelkenweg 5), 58675 Hemer, Tel.: 02372-551616

Preise: 3,50 Euro, Kinder (7-17) 2 Euro, Kinder (bis 7) frei

Geöffnet: 18. April-3. Nov. täglich ab 10 Uhr

24

Auf vier Hufen erlebt man die Natur hautnah – zum Beispiel im Naturpark Hohe Mark

Auf dem Pferd quer durch NRW reiten

Hoch zu Ross eröffnen sich neue Perspektiven

Auf dem Rücken eines Pferdes gemächlich durch NRW traben, das hat schon was. Zumindest findet WDR 2 Hörer Ulrich Rüdiger: Das sollte jeder mal getan haben. Er reiste mit nur einer Pferdestärke von Leverkusen nach Detmold und legte so rund 300 Kilometer in zwölf Tagen zurück.

Wer sich in den Sattel schwingt, hat die Chance, ein wildes und naturbelassenes NRW zu erleben. Abseits der großen Straßen und der hohen Geschwindigkeit hat Nordrhein-Westfalen wunderschöne und abwechslungsreiche Landschaften zu bieten: von weiten Feldern im Münsterland bis hin zur ganz schön hügeligen Eifel. Das alles kann man, etwa 1,70 Meter über dem Boden sitzend, in Ruhe genießen. Das perfekte Mittel zur Entschleunigung.

Mit ein wenig Planung lässt sich das Land prima auf vier Hufen erkunden. Ob von Emmerich nach Winterberg oder von Petershagen nach Monschau – fast überall gibt es Wanderreitstationen, in denen für Ross und Reiter gesorgt wird. Wenn keine dieser Stationen in der Nähe ist, helfen private Pferdeliebhaber gerne. Das Pony kommt für eine Nacht mit einer Extraportion Möhren in ihrem Stall unter; der Reiter legt sein Haupt in einer nahe gelegenen Pension danieder. Bei der Planung sollte der Reiter zudem die Wetterprognose im Auge behalten. Zu heiß darf es auf keinen Fall sein, aber durch Dauerregen reiten macht auch keinen

Spaß. Das ist dann selbst dem gutmütigsten Pony zu usselig, und es weigert sich schon mal, den halbwegs trockenen Rastplatz unter einem Baum wieder zu verlassen.

Wer außergewöhnlich reist, erlebt oft auch Außergewöhnliches. Das angeleinte Pferd vor dem Drogeriemarkt im Dorf löst ein großes „Hallo" aus, und der Tiefkühllieferant, der zufällig am selben Waldrand Pause macht, gibt ein Eis aus. So ein Pferd funktioniert wie ein Kontaktmagnet, und die Wanderreiter lernen auf ihrer Reise jede Menge Leute kennen. Es ist eben etwas anderes, als mit einem Auto schnell von der Haus- bis zur Hoteltür zu brausen.

Aber natürlich gibt es auch hoch zu Ross Probleme. Ein klitzekleines Vorhängeschloss an einem Weidegatter kann einem da schon

Sehenswürdigkeiten wie hier das Recklinghausener Rathaus werden zu Pferd erkundet

Kronenburg: Zu Gast im mittelalterlichen Städtchen an der Grenze zu Belgien

einmal die Laune vermasseln und einen halben Tagesritt zunichtemachen. Pferde haben genauso wie Autos auch mal eine Panne, und irgendwo drückt der Huf. Man sollte also möglichst wissen, wo der nächste Tierarzt zu finden ist.

Es gibt viele Autobahnen, Eisenbahnstrecken und Straßen zu über- oder unterqueren. Meist aber geht's durch Natur pur, und da erlebt auch der eingefleischteste Nordrhein-Westfale Überraschungen. Wer hätte gedacht, dass es hier bei uns noch so wilde Täler und so rauschende Wälder gibt? Einmal das Land vom Sattel aus erleben ist nicht nur was für absolute Pferdenarren. Schließlich ist NRW definitiv ein Pferdeland. Ein Blick auf unser Wappen beweist es.

Unterwegs mit 1 PS

WDR 2 Hörer Ulrich Rüdiger hat es geschafft: quer durch NRW auf vier Hufen. Wer das Reisetagebuch lesen will, findet hier seinen Blog:
www.ruediger-lev.de

Mehr Informationen und eine Liste der Wanderreitstationen gibt es hier:

Vereinigung der Freizeitreiter und -fahrer in Deutschland e. V.
Landesverband Nordrhein-Westfalen
Postfach 3306
52120 Herzogenrath
Tel.: 02407-918787
www.vfdnet.de

25

Laufsteg, Treffpunkt, Shoppingmeile – die Düsseldorfer Kö ist mehr als nur eine Straße

Über die Kö in Düsseldorf flanieren

Nicht nur für Shoppingfreunde ein Muss

Was die Champs-Élysées für Paris und die 5th Avenue für New York ist, ist in Nordrhein-Westfalen eindeutig die Kö. Natürlich nicht ganz so lang, aber ähnlich prunkvoll wie die Großen und Nordrhein-Westfalens einzige Prachtmeile.

Und ein Besuch auf der Kö lohnt sich allemal, selbst wenn man keinen Spaß daran hat, sich bei teuren Juwelieren die Nase am Schaufenster platt zu drücken oder darüber zu staunen, wie viel ein einziges Kleid kosten kann. Beim Flanieren entdeckt man so viele Kuriositäten, dass es die pure Freude ist. Teilweise sind nämlich die Besucher der Kö schon kleine Kunstwerke an sich; ob gelungen oder nicht, ist Geschmackssache. Das Minihündchen beherzt unter den Arm geklemmt, die Handtasche direkt darunter baumelnd, staksen schöne Frauen auf atemberaubenden High Heels von einem Luxusladen in den nächsten. Nicht mehr ganz so junge und nicht mehr ganz so schlanke Herren führen ziemlich junge Damen mit großem Shoppinghunger aus, und ältere Damen sitzen perfekt onduliert in einem Café und gönnen sich ein exquisites Törtchen.

Drei Fünf-Sterne-Hotels sind hier, die nobelsten Kanzleien, schicksten Arztpraxen und luxuriösesten Geschäfte. Eine angesagte amerikanische Modekette hat einen von drei Läden in Deutschland auf der Kö eröffnet. Seitdem pilgern vor allem die Jugendlichen aus den umliegenden Städten und sogar aus Köln und Bonn hierher, um am Wochenende vor dem Geschäft Schlange zu stehen. Nebenan kann man Kaffee kaufen, der edler eingepackt ist als so mancher Verlobungsring. Und schräg gegenüber hat der Juwelier eröffnet, der schon im Titel eines Kinoklassikers vorkam. Aber mittlerweile haben auch die großen Ketten Einzug auf der Kö gehalten, und das Publikum mischt sich auf erfrischende Art.

Und abgesehen von allen Klischees ist die Kö als Einkaufsstraße wirklich schön. In der Mitte liegt der Kö-Graben, auf dem es sich Enten gemütlich gemacht haben. Links und rechts daneben sind jeweils großzügige Gehwege unter Kastanien, gespickt mit vielen Parkbänken zum Verweilen. Dann erst kommen die beiden Straßen, jeweils eine für jede Fahrtrichtung, danach wieder je ein Gehweg unter Bäumen. Insgesamt ist hier also alles sehr großzügig angelegt. Auch

wenn die Kö gerade mal einen Kilometer lang ist, ist sie doch ein Boulevard.

Ihren Namen verdankt die Kö allerdings etwas nicht so Exquisitem: einem Pferdeapfel! Bei ihrer Planung als Promeniermeile Anfang des 19. Jahrhunderts hieß die Straße schlicht „Allee außerhalb der Stadt", weil sie genau das war. Aber nach ihrer Fertigstellung war wegen der vielen Bäume schnell der Name „Kastanienallee" eingeführt. Dann kam König Friedrich Wilhelm IV. zu Besuch, allerdings zu einer denkbar ungünstigen Zeit, nämlich 1848, mitten im Revolutionsjahr. Statt ihm zuzujubeln, beschmissen ihn die wütenden Düsseldorfer mit Schimpfworten und eben mit Pferdeäpfeln, von denen einer seinen Mantel touchiert haben soll. Der Monarch war „not amused". Um ihn zu besänftigen, beschlossen die Stadtoberen schnell eine Umbenennung der Prachtmeile in „Königsallee".

Top-Adresse für exklusive Läden: die Kö

Blick vom Tritonenbrunnen: Kastanien säumen die Gehwege zu beiden Seiten

Leute, Luxus und Lustwandeln

Die Königsallee liegt im Stadtzentrum Düsseldorfs östlich der Altstadt und Carlstadt. Neben vielen edlen Geschäften und Einkaufszentren hat sich die Kö auch als Standort für Banken und erstklassige Hotels etabliert.

Königsallee, 40212 Düsseldorf
www.koenigsallee-duesseldorf.de

Infos zur Kö und zu Stadtführungen:
Tourist-Information Altstadt
Markstraße/Ecke Rheinstraße, 40213 Düsseldorf, Tel.: 0211-17202840
Mail: willkommen@duesseldorf-tourismus.de, www.duesseldorf-tourismus.de

Geöffnet: Mo-So 10-18 Uhr

Tipps:
Einen außergewöhnlich stilvollen Gang über die Kö und durch die Umgebung bietet die „Glamour-Tour". Freifrau von Kö führt ihre Gäste mit Charme, Witz und Champagner durch die Landeshauptstadt.
Kontakt: Tel.: 0211-8996130, www.freifrauvonkö.de

Am Karnevalssamstag ab 18 Uhr wird die Prachtmeile beim Tuntenlauf zur Modenschau der anderen Art.
www.kg-regenbogen.de

Beim Kö-Lauf geht es eine Zehn-Kilometer-Strecke immer rund um die Kö.
www.swd-koelauf.de

Bücherbummel auf der Kö: Mehr als 100 Antiquariate, Verlage und kulturelle Institute laden entlag des Kö-Grabens zum Buchstöbern ein.
www.buecherbummel-auf-der-koe.de

26

Vom Alle-mal-malen-Mann malen lassen

Momentaufnahmen von einem Bonner Original

Jan Loh – der Alle-mal-malen-Mann – zeichnet seit 1995 das Bonner Kneipenpublikum

■ Er heißt Jan Loh, aber in Bonn ist er nur unter seinem Markennamen bekannt: der Alle-mal-malen-Mann. Er hat die 80 schon hinter sich gelassen. Trotzdem wird Jan Loh nicht müde, die Kneipen und Caféterrassen in Bonn abzuklappern. Sein Erkennungszeichen ist dabei der Ruf „Alle mal malen hier?".

Dann setzt er sich auf ein freies Plätzchen mit gutem Blick auf die Nachbartische und holt Bleistift und Zeichenblock aus der Tasche. Zunächst skizziert er mit feinem Strich die Gesichter, danach kommen flächig die Körperformen und Klamotten aufs Papier. Die Kunstwerke bekommen Titel und Datum, dann signiert der Meister: ein verschlungenes JL – fertig ist das Porträt.

Mit Bleistift auf Papier: eine Kneipenszene

Jan Loh lässt sich für das Malen bezahlen. Aber seine Bilder sind günstig: Schon ab zwei Euro ist man dabei. Obendrein hat man zu diesem Preis ein Original von einem echten Bonner Original.

Wer sich vom Alle-mal-malen-Mann malen lassen möchte, braucht etwas Zeit und Glück. Man muss nämlich warten, bis er auftaucht. Atelieradresse, Galerie oder Management gibt es nicht. Dafür die bunte und gemütliche Bonner Kneipenszene, und die sollte man sowieso mal erlebt haben.

Wo findet man Jan Loh?

Der Künstler zieht durch die Kneipen und Cafés der Bonner Altstadt. Der Zufall bestimmt, ob man ihn trifft. Hier stehen die Chancen nicht schlecht: in der Studentenkneipe Lichtblick (Dorotheenstraße 2), im Bierhaus Machold (Heerstraße 52), im Café Göttlich (Fürstenstraße 4) oder im Café Blau (Franziskanerstraße 9).

Galerie im Netz
Fans sammeln die Bilder von Jan Loh im Internet. Die ältesten Werke sind schon 20 Jahre alt. Wer eines besitzt, ist eingeladen, es für die Onlinegalerie zur Verfügung zu stellen: www.alle-mal-malen.de

Auch bei Twitter findet man News zu Jan Loh – ob er wirklich selbst in die Tasten haut? Wer weiß ...
www.twitter.com/AlleMalMalen

27

Wenn sie groß ist, wird sie mal ein bedeutender Fluss: die Ruhr an der Quelle

Aus der Ruhrquelle frisches Wasser trinken

Vom Rinnsal zum Namensgeber einer Region

Rund 220 Kilometer schlängelt sie sich durch den Pott, prägt die ganze Region und gibt ihr ihren Namen: die Ruhr. Ihr Image ist nicht das beste. Zu lange stand sie für Industrie, Bergbau und Schmutz. Dass die Ruhr aber alles andere als ein dreckiger, grauer Fluss ist, davon haben wir ja schon im ersten 50-Dinge-Buch berichtet und den idyllischen Radwanderweg oder Kanutouren empfohlen. Aber aus der Ruhr trinken, das haben wir noch nicht probiert. Sollten wir aber, findet WDR 2 Hörer Jürgen Pappert und hat es selbst schon getan. An der Ruhrquelle im Hochsauerland ist das Ruhrwasser ganz klar und sauber. Ein Schluck hiervon schadet gewiss nicht der Gesundheit.

Um zur Quelle zu gelangen, muss man jedoch schon eine kleine Reise auf sich nehmen. Im Nordosten des Rothaargebirges, genauer gesagt am Ruhrkopf, einem fast 700 Meter hohen Berg bei Winterberg, entspringt sie aus einem kleinen, morastigen Gebiet im Wald. Hier ist die Ruhr noch schmal und geradezu etwas unscheinbar, obwohl sie jede Stunde satte 2.500 Liter ausschüttet. Ein Stein mitsamt Inschrift markiert die Stelle, die sonst leicht übersehen werden könnte.

Erstmals haben die Ruhrfans hier 1849 eine Mauer errichtet, um auf das bescheidene Bächlein hinzuweisen, das in seinem Verlauf doch so groß und wichtig für eine ganze Region wird. Unterhalb des Quellsteins befindet sich seit den 1950ern ein Steinrondell, das das Ruhrwasser in einen nach oben offenen Kanal leitet. Hier kann man nach der Anreise gut ein Päuschen machen und nach Kosten des erfrischenden Ruhrquellwassers vielleicht ein Stück weiter auf dem Ruhrhöhenweg wandern. Der begleitet die Ruhr von der Quelle bis zur Mündung in den Niederrhein bei Duisburg. Übrigens ist die Ruhrquelle auch ein Ankerpunkt der „Route der Industriekultur" (siehe dazu Platz fünf unserer 50 Dinge).

Der Ursprung der Ruhr ist aber nicht etwa – wie man meinen könnte – Kilometer null des Flusses. Die Zählung beginnt stattdessen schummelnderweise 180 Meter weiter südöstlich am allerersten Ruhrzufluss.

An der Quelle sitzen ℹ

Die Ruhrquelle ist an der Landstraße 740 von Winterberg Richtung Medebach auf der rechten Seite gelegen. An der Bundesstraße 480 von Winterberg nach Olsberg ist die Ruhrquelle kurz hinter Winterberg ausgeschildert. Vom Parkplatz ca. 200 Meter Fußweg. Vom Bahnhof Winterberg sind es zu Fuß etwa 45 Minuten.

Informationen:
Tourist-Information Winterberg
Am Kurpark 4, 59955 Winterberg
Tel.: 02981-92500
Mail: info@winterberg.de
www.winterberg.de

Reise zum Anfang

Wem die Wanderung zur Ruhrquelle gut gefallen hat, kann auch noch andere Flussquellen in Nordrhein-Westfalen erlaufen. Die **Pader** bei Paderborn ist zwar Deutschlands kürzester Fluss, hat aber rund 200 Quellen (www.paderborn.de). Die **Ems** entspringt klein und quirlig aus mehreren Quellen in der Senne in Schloß Holte-Stukenbrock in Westfalen (www.ems-erlebniswelt.de). Zur **Lahnquelle** muss man rund 600 Meter hoch auf den Lahnkopf bei Lahnhof steigen (www.daslahntal.de). Die **Issel**, die später in die Ijssel mündet, entspringt südlich von Borken (www.tourismus-kreis-borken.de).

28

In der ältesten Jugend-
herberge schlafen

Demnächst mit Aufzug im Felsen: Burg Altena

Die Höhenburg Burg Altena im Sauerland ist bald auch bequem mit dem Lift zu erreichen

■ Die älteste Jugendherberge der Welt ist schon fast 100 Jahre alt. Der Lehrer Richard Schirrmann richtete sie 1914 auf der Burg Altena im Sauerland ein. Die Idee dazu war ihm 1909 gekommen. Damals war er mit einer Schulklasse auf einer Wanderung vom Gewitter überrascht worden. Ein Dorflehrer stellte ihnen ein Klassenzimmer für die Nacht zur Verfügung. Die Kinder schliefen unbequem, aber trocken auf dem Boden.

„Jedem wanderwichtigen Ort in Tagesmarschabständen eine gastliche Jugendherberge zur Einkehr für die wanderfrohe Jugend Deutschlands ohne Unterschied", das war Schirrmanns Plan. Er war so überzeugend, dass schon nach ein paar Jahren eine Menge weiterer Herbergen in ganz Deutschland entstanden. Nicht mal 20 Jahre nach der Eröffnung der ersten gab es schon über 2.000 Jugendherbergen! Heute existieren weltweit mehr als 4.000. Die Originalräume der ersten Jugendherberge mit hölzernen Etagenbetten sind heute Teil der Museen Burg Altena. Natürlich kann man dort nicht mehr unter die Wolldecke mit der berühmten „Fußende"-Markierung schlüpfen – die „neue" Jugendherberge mit drei großen Schlafsälen liegt am Rande des Burghofs.

Burg Altena, eine malerische Höhenburg, stammt aus dem 12. Jahrhundert. Sie wurde 1907 bis 1915 aufwendig restauriert und ist auch ohne Übernachtung in der Juhe eine Reise wert. Imposant sitzt das gewaltige Gemäuer über dem engen Tal, durch das die Lenne fließt. Derzeit wird ein Aufzug gebaut, mit dem man demnächst direkt in die Burg hochfahren kann – 85 Meter durch den Fels! Im April 2014 soll er fertig sein.

Es gibt übrigens noch mehr Burgen, in denen man als Jugendherbergsgast übernachten kann. Die Burg Bilstein, die Wewelsburg (siehe auch Platz 47 unserer 50 Dinge) und die Freusburg bei Siegen bieten ebenfalls Nächte wie bei Ritters.

Die Geschichte der ersten Jugendherberge der Welt lässt sich im Museum nachvollziehen

Nachtlager auf der Burg

Jugendherberge Burg Altena
Fritz-Thomée-Straße 80, 58762 Altena
Tel.: 02352-23522, Mail: jh-burg.altena@djh-wl.de, www.djh-wl.de

Preise: Übernachtung mit Frühstück ab rund 23 Euro

Um in einer Jugendherberge übernachten zu dürfen, muss man Mitglied
im Deutschen Jugendherbergswerk (DJH) sein. Der Jahresbeitrag liegt bei 12,50 Euro
bzw. 21 Euro für Menschen ab 27. Anmeldung unter www.djh-mitgliedschaft.de

Museen Burg Altena
Museum Weltjugendherberge,
Museum der Grafschaft Mark und Deutsches Drahtmuseum
Tel.: 02352-9667033 oder -9667034
Mail: museen@maerkischer-kreis.de
www.burg-altena.de

Preise: Kombikarte für alle drei Museen 5 Euro, erm. 2,50 Euro, Kinder (unter 6) frei

Geöffnet: Di-Fr 9.30-17 Uhr, Sa/So/Feiertage 11-18 Uhr

In den Sommermonaten finden auf der Burg große Open-Air-Veranstaltungen statt,
zum Beispiel klassische Konzerte, Folkfestivals und regelmäßig ein Mittelalterfest
(www.burg-altena.de).

Antiquarisch: das Herbergsschild der alten Jugendherberge

29

Der ehemalige NATO-Turm wurde zum Dichterturm – als Arbeits- und Lebensraum für Künstler

Die Raketenstation als Kulturraum erleben

Geistiger Frieden statt Kalter Krieg

Vielleicht sind die Museumsinsel Hombroich und die Raketenstation nur zu erleben und unmöglich zu beschreiben. Denn was hier entstanden ist und sich immer weiter entwickelt, war nie vorhersehbar, für viele noch nicht einmal vorstellbar.

Dieser Ort war früher auf keiner Landkarte verzeichnet, so streng geheim gehalten wurde er. Und das aus gutem Grund: Hier lagerten nämlich Mittelstreckenraketen der NATO. Aber da, wo früher viel NATO und Raketen waren, ist heute viel Kunst, Kultur und Natur: Und genau hierhin macht sich WDR 2 Moderator Uwe Schulz auf. Seine Aufgabe: Abstand vom Alltag suchen!

Schon auf dem Weg lässt der Moderator das wuselige Stadttreiben hinter sich. Erst einmal geht's raus aus Neuss, über die Felder, hin zum Künstlerrefugium. Erster Eindruck von Uwe Schulz: „Nach dem Kalten

Krieg ist hier der wärmste denkbare Frieden ausgebrochen!" Vor dem Moderator liegt ein weitläufiger Park mit üppigen Bäumen und Pflanzen, zwischendurch immer wieder moderne Gebäude. Statt geheimer Raketensilos gibt es spektakuläre Architektur. „Ich sehe überall Relikte aus der Zeit des Kalten Krieges: Erdwälle, alte Hangars und Blechhütten, aber zwischendurch ganz moderne Gebäude im Bauhaus-Stil und Ateliers. Vor allem der wunderschöne Kräuter- und Obstgarten hat mir gut gefallen." Den Garten zeigt ihm Geschäftsführerin Ulrike Rose. Mit ihr erklimmt er auch den alten Beobachtungsturm, der im Originalzustand geblieben ist. Hier oben ist man ganz auf den Spuren des Kalten Krieges. Doch ein Blick auf das Gelände bringt Uwe Schulz direkt wieder in die heutige Zeit. Unten ist aus der ehemaligen Baracke ein Atelier entstanden, und das ist typisch für das, was auf dem Gelände geschieht. „Ich dachte bislang

immer, das Revier hätte den Strukturwandel erfunden, aber hier vollzieht er sich seit Jahren, und zwar sehr ästhetisch", findet der WDR 2 Moderator.

Die Raketenstation ist Teil des Kulturraums Hombroich, zu dem auch das Museum Insel Hombroich gehört. Hier soll ein Ort sein, an dem geistiges Leben entspringt, und das tut es: ein Campus für Künstler, Wissenschaftler oder Menschen, die einfach mal aus ihrem Trott ausbrechen wollen. Das Ganze hat den Charakter eines „Rückzugsorts von der Welt", wie Uwe Schulz feststellt. „Und das Schöne ist, es ist auch immer noch Baustelle."

Zu Zeiten des Kalten Krieges waren auf diesem streng geheimen Areal die berühmt-berüchtigten „Pershing II" gelagert. Belgische NATO-Soldaten bewirtschafteten das Gelände seit den 1960er-Jahren, später üb-

WDR 2 Moderator Uwe Schulz bei einer Ausstellung in der Langen Foundation

ten die Männer der deutschen GSG9-Spezialeinheit auf der Raketenstation. 1990 gab die NATO dann diesen Stützpunkt auf. Die Hallen, Hangars, Erdwälle und der Beobachtungsturm auf der rund 13 Hektar großen Fläche der Raketenstation wurden zum Teil renoviert und umgestaltet. Seitdem entsteht hier Kunst. Einige Künstler, Literaten und Wissenschaftler wohnen auch direkt auf dem Gelände.

Der ursprüngliche Vorschlag von WDR 2 Hörer Peter Walther aus Mönchengladbach für die 50-Dinge-Aktion war: „Sich bei der Sammlung Langen an den Teich setzen und die Gedanken schweifen lassen". Und das tut Uwe Schulz am Ende seines Besuchs der Raketenstation. Mit Blick auf die Insel oder auf die Neusser Skihalle lässt es sich wunderbar entspannen und resümieren: „Am meisten begeistert mich, dass man hier wahnsinnig viel Raum und Zeit hat, um das zu sehen, was unter moderner Kunst zu verstehen ist." Kaum zu glauben, dass Spuren des Kalten Krieges so schön sein können.

Die Kunst-Insel

Zur Stiftung Insel Hombroich gehören das Museum Insel Hombroich, die Raketenstation Hombroich mit der Langen Foundation und das Kirkeby-Feld. Infos unter www.inselhombroich.de, Tel. 02182-8874001

Langen Foundation
Raketenstation Hombroich 1
41472 Neuss, Tel.: 02182-57010, www.langenfoundation.de
Die wechselnden Kunstausstellungen basieren vor allem auf den Sammlungen der Familie Langen - daher der Name.

Preise: 7,50 Euro, erm. 5 Euro, Familien (2 Erwachsene mit bis zu 4 Kindern) 19 Euro, Kombiticket Museum Insel Hombroich und Langen Foundation 20 Euro, erm. 11 Euro, Kinder (bis 6) frei

Geöffnet: täglich 10-18 Uhr

Museum Insel Hombroich
Minkel 2, 41472 Neuss, Tel.: 02182-8874000
Das besondere Museum umfasst einen Park mit begehbaren Skulpturen sowie Ausstellungspavillons.

Preise: 15 Euro, erm. 7 Euro, Familien (2 Erwachsene mit bis zu 3 Kindern) 35 Euro

Geöffnet: April-Sept. täglich 10-19 Uhr, Okt. täglich 10-18 Uhr, Nov.-März täglich 10-17 Uhr; Cafeteria ab 11 Uhr bis eine Stunde vor Schließung des Museums

Bitte lächeln! In Siegburg werden auch Fußgänger und Fahrradfahrer geblitzt

In der Fußgängerzone geblitzt werden

In Siegburg lauert eine besondere Radarfalle

■ Normalerweise ist es ärgerlich, wenn man geblitzt wird. Schließlich kann so ein Foto ganz schön teuer werden. An einem Ort in der Bundesrepublik freuen sich aber meistens alle, wenn die Radarfalle auslöst: in der Fußgängerzone am Siegburger Bahnhof.

Sie sehen aus wie immer: unauffällig grau, vorne ein Fensterchen für Blitz und Kameraobjektiv. Und sie knipsen auch ganz normal. Das Besondere ist: Die beiden Starenkästen stehen in der Fußgängerzone – und manchmal lösen sie auch aus, wenn Menschen zu Fuß etwas schneller vorbeilaufen.

Gedacht sind die Apparate dazu, Autofahrer zu erwischen, die verbotenerweise durch die verkehrsberuhigte Zone kurven. Eigentlich dürfen nur die Linienbusse hier fahren.

Fußgänger, die geblitzt werden, bekommen aber keinen Bußgeldbescheid. Mit Gelächter der Umstehenden können sie aber schon rechnen. Und wahrscheinlich auch mit einem Grinsen der Leute, die die Bilder auswerten.

Hier wird geblitzt ⓘ

Die Radarfalle befindet sich in Siegburg auf der Wilhelmstraße in der Fußgängerzone vor dem Bahnhof. Viele Medien haben schon über diese ungewöhnliche Messanlage berichtet.

Sichere Landung: Was bleibt, ist das unvergessliche Kribbeln im Bauch

Mit dem Fallschirm überm Pott gleiten

Zu zweit springt es sich gleich leichter

Im Unterschied zu Platz sechs unserer 50 Dinge (Luftschiff fahren) hat niemand in der Redaktion „Hier!" geschrien, um die Sache mit dem Fallschirm auszuprobieren. Seltsam, denn beim Fallschirmspringen gibt es eigentlich ein paar Vorteile: Es ist weniger komplizierte Technik dabei, die defekt sein könnte. Man ist höher, kann also weiter blicken. Und man hat auch beste Sicht nach unten – schließlich sitzt man nicht in einer Kabine mit Boden und Fensterrahmen. Trotzdem trifft man eher auf Zustimmung, wenn man sagt: „Ich springe doch nicht aus einem Flugzeug! Schon gar nicht, wenn es noch sicher fliegt!"

Fallschirmspringen war aber schon einmal Thema in der Reihe „WDR 2 Abenteuer Sport", und da hat sich dann doch ein abenteuerlustiger Kollege dem Fallschirmsportclub Rheine anvertraut und einen Tandemsprung gewagt. Rheine liegt nördlich von Münster, gehört also nicht zum Ruhrgebiet, aber das Prozedere ist das Gleiche.

Tandemsprung bedeutet: Man wird einem speziell lizenzierten Springer, dem „Tandemmaster", vor den Bauch geschnallt. Dann geht es mit einem gemeinsamen Schirm nach unten. Die Bedienung des Schirms übernimmt der Profi. Für solche Sprünge steigt das Flugzeug zunächst auf 4.000 Meter Höhe. Eine ziemliche Strecke, da ist man schon mal 20 Minuten unterwegs.

Auf Absprunghöhe angekommen wird dann die Tür aufgemacht – und das ist der Moment, an dem klar ist: Da musst du jetzt raus! Es ist kalt da oben, minus vier Grad auch im Sommer, und die Wolken sind ganz nah. Die Bewegungsabläufe hat man am Boden ein-

geübt, man trägt einen speziellen Overall ohne Taschen und Schlaufen, damit man sich nirgends verheddert, und eine Schutzbrille. Dann muss man sich nur noch fallen lassen und kann die tolle Aussicht genießen.

Viel Zeit bleibt freilich nicht, nach einer Minute ist man schon wieder auf dem Boden, aber unvergesslich bleibt so ein Sprung garantiert.

Den Absprung schaffen

i

Voraussetzungen für einen Tandemsprung sind, dass man körperlich fit ist, weniger als 90 Kilo wiegt und 1,90 Meter Körpergröße nicht überschreitet.

Fallschirmspringen kann man an vielen Orten, ob im Urlaub im Ausland oder zu Hause in NRW. Angebote gibt es sowohl von kommerziellen Anbietern als auch Fallschirmsportvereinen. Wichtig: Gestartet wird ausschließlich bei gutem Wetter!

Eine Auswahl von Anbietern in der Region:
Fallschirmsport Marl e. V.
Flugplatz Loemühle
Hülsstraße 301
45770 Marl
Tel.: 0160-96220342 (Mo-Fr 17-21 Uhr)
www.fallschirmsport-marl.de

Fallschirmsport Sky-Fun GmbH
Flugplatz Dahlemer Binz
53949 Dahlem (bei Blankenheim)
Tel.: 0221-50067880 (Büro in Köln)
www.sky-fun.de

Fallschirmsportclub Rheine e. V.
Flugplatz Rheine-Eschendorf
Surenburgstraße 341
48432 Rheine
Tel.: 05971-88022
www.fallschirmsport-rheine.de

Preise: Ein Tandemsprung kostet meist zwischen 170 und 200 Euro

Mit Profi im Rücken beim Tandemsprung

32

Eine Achterbahn zu Fuß erklimmen

Nur den Looping muss man in Duisburg auslassen

Jeder Schritt auf der Fußgängerachterbahn bietet neue Perspektiven des Kunstwerks

Auf einer Achterbahn spazieren – wie soll das denn gehen? Ganz einfach: in Duisburg immer Richtung Heinrich-Hildebrand-Höhe fahren, da sieht man sie schon von Weitem. „Tiger & Turtle – Magic Mountain", eine Großskulptur, und eben Achterbahn für Fußgänger.

Seit knapp zwei Jahren steht das geschwungene Gebilde dort oben auf der Halde und hat sich schnell zu einem neuen Wahrzeichen Duisburgs gemausert. Für den Weg hin zur Halde und dann hinauf zur Achterbahn muss man etwas Abenteuerlust mitbringen, denn die Beschilderung ist eher dürftig. Aber die Duisburger machen sich nichts daraus und besteigen den Hügel einfach querfeldein. Oben angekommen kann man erst einmal verschnaufen und „Tiger & Turtle" aus der Nähe in Augenschein nehmen: ganz schön hoch und ganz schön steil! Kinder rasen die Stahlkurven rauf und runter, um ein möglichst authentisches Achterbahngefühl zu erzeugen, bei einigen Erwachsenen führen die steilen Gitterstufen zum Klammergriff um das Geländer. Am Looping ist Schluss. Hier ist die Achterbahn vergittert, alle kehren um und begehen sie von der anderen Seite.

Erschaffen wurde „Tiger & Turtle" von den Künstlern Heike Mutter und Ulrich Genth und sollte eigentlich schon zur „Ruhr 2010" fertig sein. Erst im Herbst 2011 konnte sie

Auch eine „Nachtfahrt" lohnt sich – toller Ausblick auf die Lichter des Ruhrgebiets inklusive

dann aufgestellt werden und ist seitdem ein beliebtes Ausflugsziel. Kunst zum Erleben, Erklettern und Genießen.

Bereits nach 18 Monaten haben 250.000 Begeisterte die geschwungene Skulptur erklommen. Die Duisburger lieben ihre Fuß-Achterbahn, und die Filmindustrie auch. Die Kulisse ist so einzigartig, dass die Teams Schlange stehen und die Models für einen Werbespot schon einmal warten müssen, weil die Filmarbeiten für einen schwedischen Independant-Film noch nicht abgedreht sind.

Von oben hat man – bei günstigem Wetter – eine hervorragende Aussicht bis zum Rheinturm nach Düsseldorf, Richtung Hafen und über ein ganz schön grünes Duisburg. Besonders lohnt sich ein Besuch in der Nacht, wenn die Skulptur erleuchtet ist. Nur bei Sturm und Gewitter müssen die Duisburger auf ihre Fuß-Achterbahn verzichten.

Die Landmarke „Tiger & Turtle"

Gesamtlänge 220 Meter, geteilt in begehbare Teilstrecken von 140 Metern und 60 Metern

349 Gitterroste als Stufen, davon können 220 begangen werden

698 Pfosten, 349 Querträger und 17 Stützen tragen die Konstruktion mit einem Gesamtgewicht von 90 Tonnen

880 LED-Lampen in den Handläufen beleuchten die Skulptur bei Nacht

Fahrgeschäft für Fußgänger ⓘ

Tiger & Turtle – Magic Mountain
Heinrich-Hildebrand-Höhe
im Angerpark

Ehinger Straße oder
Kaiserswerther Straße
(Aufgang: Berzeliusstraße)
47259 Duisburg
www.tigerandturtle.duisburg.de

Preise: Eintritt frei,
Führungen 6 Euro,
Kinder (unter 14) 4 Euro

Geöffnet: Tag und Nacht, bei Unwetter, Gewitter, Starkwind, Schnee und Eis aus Sicherheitsgründen geschlossen

Führungen: Die Fachstelle für Kunst im öffentlichen Raum bietet regelmäßige Führungen an, bei denen über die Entstehung von „Tiger & Turtle", den Ort und die Künstler informiert wird.

Infos und Anmeldung:
RUHR.VISITORCENTER Duisburg
Tourist Information im CityPalais
Königstraße 39
47051 Duisburg
Tel.: 0203-285440
Mail: service@duisburg-marketing.de
www.duisburgnonstop.de

„Tiger & Turtle" ist eine von vielen Stationen der „Route der Industriekultur". Mehr dazu beim Thema ExtraSchicht, Platz fünf.

33

In Stein gemeißelt – die Grenze zwischen Preußen-Westfalen (PW) und Preußen-Rheinland (PR)

Vom Rheinland nach Westfalen springen

Ein Stein markiert die ehemalige Grenze

Ein Spaziergang auf dem Bindestrich: Die alte Grenze zwischen Rheinland und Westfalen lässt sich tatsächlich erwandern. Doch wo genau diese Grenze verlief, wissen heute nicht mehr viele. Spätestens, wenn man im Münsterland die Pferde grasen sieht oder wenn der Düsseldorfer Rheinturm in Sichtweite kommt, ist jedem klar, wo er ist. Aber was ist mit den Feinheiten dazwischen? Zur Hilfe muss man eine alte Karte von vor 1946 heranziehen, denn in diesem Jahr beschlossen die britischen Alliierten, dass der nördliche Teil der Rheinprovinz und die Provinz Westfalen doch ganz gut zusammengehen könnten und ließen so Nordrhein-Westfalen entstehen. Das Ganze geschah unter dem fast romantischen Codenamen „Operation marriage".

Die Grenze von damals verläuft oft zwischen Orten, die heute in einem Atemzug genannt werden: Rees und Bocholt, Elberfeld und Schwelm, Gummersbach und Meinerzhagen oder Waldbröl und Siegen. Wer die ganze Grenze abwandern möchte, kann sich schon mal etwas länger Urlaub nehmen: Nach behördlichen Angaben ist sie circa 284 Kilometer lang. Doch nur noch an wenigen Stellen ist die Grenzlinie wirklich sichtbar. An der Stadtgrenze zwischen Bochum-Wattenscheid und Essen-Steele steht, kaum erkennbar am Wattenscheider Hellweg, ein Grenzstein. Weiter südöstlich gibt es einen ungewöhnlichen Grenzort: Der Scheetunnel bei Wuppertal und Sprockhövel verbindet das Rheinland mit Westfalen. Früher fuhren hier Züge durch, in Zukunft soll dort ein Radweg entstehen. Über dem Tunnel befindet sich die Wasserscheide zwischen Wupper und Ruhr.

Rheinländer und Westfalen nun als harmonische Einheit zu bezeichnen, das ginge auch fast 70 Jahre nach „Operation marriage" doch etwas zu weit. Alte Vorurteile bleiben. Der Rheinländer empfindet den Westfalen immer noch als Spaßbremse und als stur. Und fragt man in einer Dortmunder Kneipe nach Rheinländern, kann es schon passieren, dass die Antwort schlicht lautet: „Die taug'n nix." Aber eigentlich ist dann doch alles gut – wie in einer normalen Durchschnittsehe eben: Man gehört zusammen, schimpft aber bisweilen übereinander.

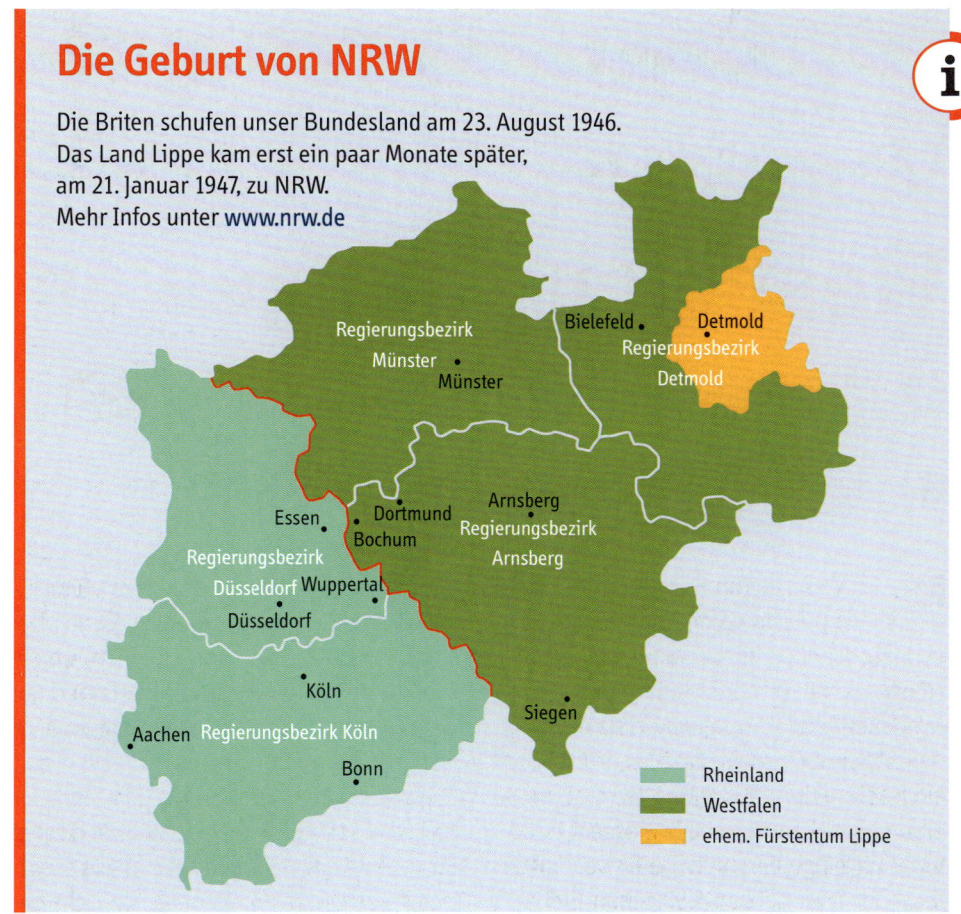

Die Geburt von NRW

Die Briten schufen unser Bundesland am 23. August 1946. Das Land Lippe kam erst ein paar Monate später, am 21. Januar 1947, zu NRW. Mehr Infos unter www.nrw.de

Regierungsbezirk Münster
Münster
Bielefeld
Detmold
Regierungsbezirk Detmold

Essen
Dortmund
Bochum
Arnsberg
Regierungsbezirk Arnsberg
Regierungsbezirk Düsseldorf
Wuppertal
Düsseldorf
Köln
Siegen
Aachen
Regierungsbezirk Köln
Bonn

Rheinland
Westfalen
ehem. Fürstentum Lippe

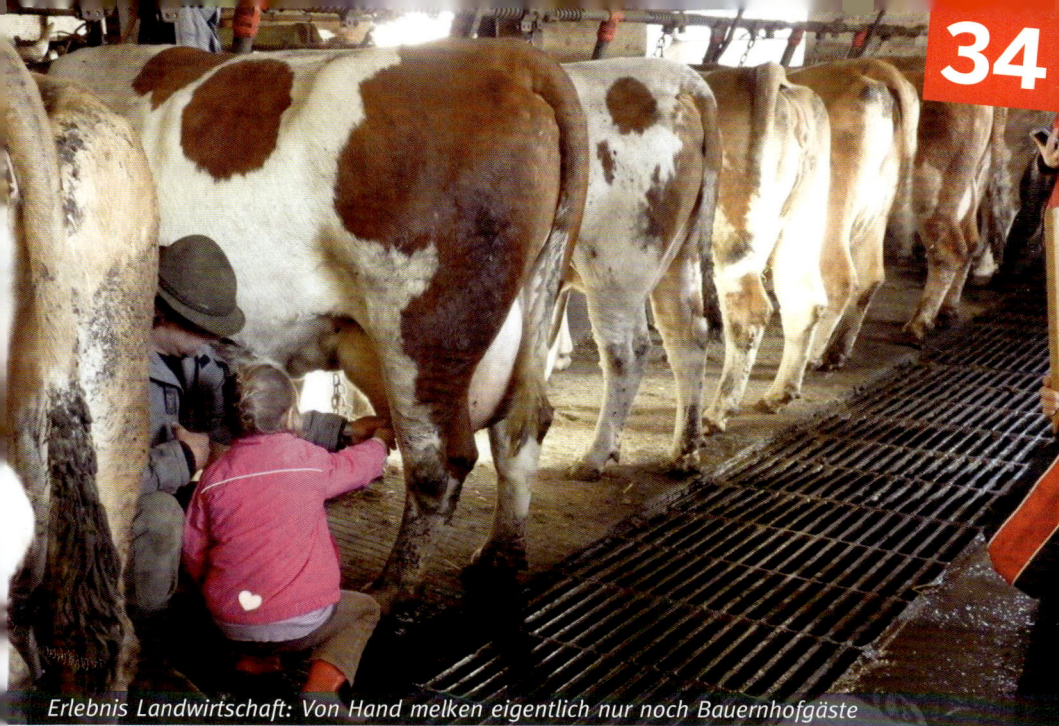

Erlebnis Landwirtschaft: Von Hand melken eigentlich nur noch Bauernhofgäste

34

Einmal einen Stall von innen gesehen haben

Auf Tuchfühlung mit nützlichem Vieh

■ „Mama, kommt das Ei wirklich aus dem Popo von einem Huhn?" Besonders für Stadtmenschen sind lebende Hühner, Kühe oder Schweine ein selten gewordener Anblick – begegnen sie einem in der Regel doch meist platt gedrückt und eingeschweißt im Kühlregal. Ob man beim Thema Stall konventionelle Massentierhaltung mit eingepferchten Tieren vor Augen hat oder eher an den idyllischen Biobauernhof denkt, auf dem alle Tiere glücklich durcheinanderlaufen: Wer Fleisch und tierische Produkte isst, sollte wissen, wo sie herkommen. Dazu bieten sich Ferien auf dem Bauernhof genauso an wie organisierte Stallbesichtigungen.

Ist man dann auf dem Bauernhof, in diesem Fall in einem Kuhstall, muss sich die Stadtnase erst einmal an die vielen Gerüche gewöhnen. Mit passendem Schuhwerk (es wird matschig!) kann die Erkundungstour durch die fremde Welt der Viehhaltung starten. Erste Erkenntnis für viele: Kühe sind größer als gedacht.

Egal, wie klein und bio ein Bauernhof sein mag: Die Bäuerin, die auf einem Holzschemel sitzend Kuh Berta von Hand melkt, gibt es so gut wie gar nicht mehr. Oft kann man als Besucher zwar selbst mal Hand anlegen und sich im Melken versuchen, aber eigentlich gehen alle Kühe in sterile Melkräume, wo sie an die Melkmaschine angeschlossen werden. Von dort kommt die Milch dann direkt über Schläuche in die Milchtanks und wird von den Molkereiwagen abgeholt. In Hightech-Bauernhöfen übernimmt selbst das Anlegen der Schläuche ein Roboter. Ob

man nun einen Kuh-, Schweine- oder Hühnerstall von innen anschaut: Ein solcher Besuch hilft auf jeden Fall, einen anderen Bezug zu Ei, Milch und Wurst zu bekommen.

Wer sich jetzt fragt, was Landwirtschaft mit NRW zu tun hat, dem seien ein paar Fakten mit auf den Weg gegeben: Das einstige „Land von Kohle und Stahl" hat nicht nur bedeutende Industrie zu bieten. Etwa die Hälfte der Fläche von Nordrhein-Westfalen wird landwirtschaftlich genutzt. Damit ist NRW nach Bayern und Niedersachsen Deutschlands drittgrößter Agrarstandort und liefert bis zu einem Fünftel des deutschen Gesamtumsatzes an Lebensmitteln. Allein deshalb gehört ein Stallbesuch zu den 50 Dingen, die man unbedingt mal gemacht haben sollte.

Ab ins Heu!   ⓘ

Um einen Stall von innen besichtigen zu können, fragt man am besten bei einem Bauern in der Nähe oder beim Hofladen seines Vertrauens nach.

Einige Bauernhöfe haben sich speziell auf Besucher eingestellt und bieten öffentliche Hofführungen, Ferien- oder Kindergeburtstagsprogramme an. Beispielsweise:
Gut Ostler in Bonn, Tel.: 0228-640895, www.gutostler.de
Gertrudenhof in Hürth, Tel.: 02233-72816, www.erlebnisbauernhof-gertrudenhof.de
Hof Wessels in Herten, Tel.: 02366-887277, www.hofwessels.de

Offizieller geht es im Landwirtschaftszentrum Haus Düsse der Landwirtschaftskammer NRW zu. Hier erhalten Gruppen Einblick in die moderne Rinder- und Schweinehaltung. Dafür ist allerdings eine telefonische oder schriftliche Terminanfrage vier bis sechs Wochen vor dem geplanten Besichtigungstermin nötig.

Versuchs- und Bildungszentrum Landwirtschaft Haus Düsse
Haus Düsse 2, 59505 Bad Sassendorf
Tel.: 02945-9890
Mail: HausDuesse@lwk.nrw.de
www.duesse.de

Live dabei – so sieht es aus, wenn unsere Landespolitiker abstimmen

35

Bei einer Landtags-sitzung dabei sein

... und den Politikern auf die Finger schauen

Ihren Landesvater oder ihre Landesmutter kennen die meisten Nordrhein-Westfalen ja noch, aber wie sieht es mit den anderen Mitgliedern des Kabinetts aus? Wer kümmert sich um die Bildung? In wessen Ressort fällt die Umwelt, und wer ist für die Finanzen zuständig? Die Politiker am Rhein sind wesentlich weniger bekannt als ihre Kollegen im fernen Berlin. Aber zahlreiche wichtige Entscheidungen trifft unsere Landesregierung ja doch und bestimmt damit in vielen Bereichen unseren Alltag und unsere Lebensumstände.

Da wäre es doch gar nicht so schlecht, unsere Landespolitiker einmal persönlich kennenzulernen – und das geht auch. Die gibt es nämlich nicht nur auf Wahlplakaten, man kann ihnen auch über die Schultern gucken. Live und in Farbe sozusagen. Im Landtag

NRW gibt es eine Besuchertribüne, und auf die muss man sich nicht wählen lassen, das geht einfach per Anmeldung. Seit 25 Jahren steht der Landtag am Rhein. Höchste Zeit, ihn sich einmal anzuschauen.

Einmal mitbekommen, wie es wirklich im Parlament zugeht, das gehört in einer Demokratie schon dazu, und oft sind die Sitzungen gar nicht so trocken und theoretisch, wie man vielleicht befürchtet. Vor allem in Wahlkampfzeiten oder wenn es um ein Thema geht, das die Gemüter erhitzt, kann der Zuschauer eine wirklich emotionale Debatte verfolgen. Und anderen beim Streiten zuschauen macht einfach Spaß.

Das ein oder andere Vorurteil über eine Partei wird sich wahrscheinlich bestätigen. Vielleicht erlebt man aber auch eine Überraschung, und der Politiker am Rednerpult argumentiert überzeugender als erwartet. Egal wie, auf die Finger gucken kann man den Landespolitikern, auch wenn man sie nicht gewählt hat.

Mäuschen spielen ⓘ

Besucherdienst Landtag
Nordrhein-Westfalen
Postfach 10 11 43
40002 Düsseldorf
Tel.: 0211-884-2955 oder -2302
Mail: besucherdienst@landtag.nrw.de
Infos zu Terminen auf
www.landtag.nrw.de

Anfahrt: Ab Düsseldorf Hbf Straßenbahnlinien 704 oder 709 Richtung Neuss und 719 Richtung Polizeipräsidium/Landtag, Haltestelle: Landtag/Kniebrücke. Oder mit dem Niederflurbus 725 Richtung Lausward/Plange Mühle, Haltestelle: Rheinturm

Gut zu wissen: Um die Bildung kümmert sich aktuell (2013) übrigens Sylvia Löhrmann von den Grünen, die Finanzen hat Dr. Norbert Walter-Borjans (SPD) unter sich, und Johannes Remmel ist Umweltminister (ebenfalls von den Grünen).

In diesem kreisrunden Bauwerk am Rheinufer wird Landespolitik gemacht

36

Warum in die Ferne schweifen? Auch im Revier kann man alpinem Klettern nachgehen

Am Hochofen im Landschaftspark klettern

Die Alpen vor der Duisburger Haustür

Dass es in Duisburg eine eigene Sektion des Deutschen Alpenvereins (DAV) gibt, klingt erst mal lustig. Gut, denkt man, die Mitglieder fahren halt gemeinsam in die Alpen und klettern da. Das schon, aber sie klettern auch in Duisburg! Und sie haben dort sogar eine eigene Hütte, die Nordparkhütte.

Als Bergersatz dienen Erzbunkertaschen des stillgelegten Eisenhüttenwerks Duisburg-Meiderich. 1990 – fünf Jahre nach dem letzten Abstich im Hochofen fünf – wurden sie erstmals zum Kletterrevier umfunktioniert. Seitdem wird daran gearbeitet. Inzwischen sind gut 400 Kletterrouten zusammengekommen. Dabei sind sogar Überhänge zu meistern. Aber auch für Anfänger ist etwas dabei.

Natürlich klettert man dabei nicht einfach so in den Wänden herum. Dazu braucht es

Ausrüstung – und Ausbildung. Die Duisburger Sektion des DAV bietet neben vielen anderen Kursen auch Schnupperkurse an („Voraussetzungen: keine"), teilweise auch für Kinder. Geführte Klettertouren stehen ebenfalls auf dem Programm.

Das Gelände des Outdoor-Kletterparks – der übrigens der größte seiner Art in Deutschland ist – befindet sich im Landschaftspark Duisburg-Nord. Wer sich das Ruhrgebiet immer noch als triste Ansammlung qualmender Schlote und rußverschmierter Bergleute vorstellt, sollte auf alle Fälle mal herkommen: Die Natur hat sich in den ehemaligen Industrieanlagen auf eindrucksvolle Weise schon sehr viel Platz zurückerobert.

In den alten Erzbunkertaschen finden sich Kletterrouten aller Schwierigkeitsgrade

Der Hochofen-Klettergarten in Zahlen

Erbaut in den Jahren 1990 bis 2013 (laufend erweitert)
Grundfläche: ca. 4.500 Quadratmeter
Kletterbare vertikale Wandfläche:
ca. 7.000 Quadratmeter
Kletterbare Dachfläche (Überhänge):
ca. 200 Quadratmeter
Wandhöhe: ca. 10 bis 12 Meter
Maximale Länge der Touren:
ca. 20 bis 22 Meter
Anzahl Kletterrouten: ca. 400
Schwierigkeitsbereich: 2. bis 9. Grad

Daten von www.dav-duisburg.de

Der Berg ruft!

i

Das Klettern ist ganzjährig möglich – allerdings nur mit Ausrüstung und nach Anmeldung im DAV-Büro. Hier gibt es auch weitere Informationen zur Anlage und zu Kursangeboten:

DAV-Büro, Sektion Duisburg
im Landschaftspark Duisburg-Nord
Emscherstraße 71, 47137 Duisburg-Meiderich
Tel.: 0203-428120 (Mo, Do 16.30-19.30 Uhr, Di 9-12 Uhr)
Mail: info@dav-duisburg.de, www.dav-duisburg.de

Preise: 8 Euro, Jugendliche 2-3 Euro (Klettergebühren für Nichtmitglieder). An vielen Wochenenden zwischen April und Oktober werden Kurse für 40 Euro/Person angeboten.

Landschaftspark Duisburg-Nord
Der LaPaDu, wie er auch liebevoll abgekürzt wird, ist ein Paradebeispiel für einfallsreiche Umnutzung. Industrie, Natur und Kultur sind hier in den vergangenen 20 Jahren zu einem ganz besonderen Park zusammengewachsen.

Der alpine Klettergarten im Erzbunker, Europas größtes Indoor-Tauchbecken im Gasometer, ein Hochseilparcours in der Gießhalle, namhafte Veranstaltungen wie Ruhrtriennale oder ExtraSchicht (siehe Platz fünf der 50 Dinge), grüne Wander- und Radwege, Gartenflächen, Wasseranlagen und Bauernhof – das alles lässt vergessen, dass an gleicher Stelle einst ordentlich malocht wurde.

Auch nachts gibt es was zu gucken: Dann wird das stillgelegte Hüttenwerk von einer Lichtinstallation des britischen Künstlers Jonathan Park sehenswert in Szene gesetzt.

Wer noch mehr zum Landschaftspark Duisburg-Nord wissen möchte, klickt sich hier durch: www.landschaftspark.de

Nächtliche Illumination im Landschaftspark Duisburg-Nord

37

Eine Nacht in der Gefängniszelle buchen

Kurzurlaub hinter Schloss und Riegel

WDR 2 Moderator Stefan Quoos macht es sich hinter schwedischen Gardinen bequem

„Bei uns sitzen Sie richtig!" – ein eher ungewöhnlicher Werbeslogan für ein Hotel. Aber das Hotel, in das sich WDR 2 Moderator Stefan Quoos einquartiert, ist ja auch kein gewöhnliches Hotel: Im Alten Amtsgericht Petershagen bei Minden kann man im ehemaligen Gefängnis logieren – gestreifte Gefängniskleidung, Zellentüren, Etagenbetten und fünf Meter hohe Gefängnismauern inklusive.

WDR 2 Hörerin Dagmar Höhner ist der Meinung, eine Nacht im Knast zu verbringen ist etwas, das jeder Nordrhein-Westfale einmal in seinem Leben getan haben sollte. In Ordnung, findet Stefan Quoos, solange er am nächsten Tag wieder nach Hause darf. In Petershagen angekommen erfährt er direkt die erste Erleichterung: Die Zellentür ist von innen wieder aufschließbar, sehr von Vorteil, wenn der Logiergast sich nachts erleichtern muss. Ansonsten ist das meiste noch wie zu den Zeiten, als hier wirklich Hühnerdiebe und andere Halunken einsaßen. Kein Fernseher, keine Minibar, kein WLAN, dafür Knastfeeling pur mit Blechspind, Doppelstockbetten und Sträflingskleidung. Das Deckenlicht wird zentral vom Gang aus ein- und ausgeschaltet. Die Gefangenen von einst sind durch alte Inschriften, die sie während ihrer Haft in die Wände geritzt haben, stets präsent.

Von 1913 bis 1978 war das Gefängnis in Betrieb, danach lag es eine Weile still, bis sich ein gemeinnütziger Verein seiner annahm, um es vor 20 Jahren liebevoll zu restaurieren. Die Idee zu „Rast im Knast" war geboren. Die neue Nutzung als preiswerte Herberge rettete das alte Gefängnis vor dem Verfall. Das Gebäude wurde mit Heizung und anderen Annehmlichkeiten der heuti-

Außen romantisch, innen knastig – das Alte Amtsgericht in Petershagen

gen Zeit ausgestattet. Seitdem können es sich Reisende in vier Zellen bequem machen, drei fungieren als Doppelzimmer, in die vierte passen sechs Leute. Genutzt wird das Knasthotel vor allem von Radfahrern, die auf der Durchreise durchs Mindener Land sind oder aber für Junggesellenabschiedsfeiern. Bei der Knastprüfung mit ihren vier Disziplinen können sie sich noch einmal fühlen wie die schweren Jungs.

Und auch der WDR 2 Moderator probiert sich darin: Bei der ersten Disziplin, Freigang mit Händen auf dem Rücken, erntet Stefan Quoos direkt Pluspunkte. Sein Trick: Augen nach unten und tief betroffen gucken. Die zweite Disziplin gestaltet sich da schon schwieriger. Auf einem Wägelchen soll er einen Teller dünne Suppe durch den Hof ziehen. Stefan Quoos kippt die gesamte Suppe um und scheitert auf ganzer Linie. Auch die dritte Disziplin, Wasser und Brot mit Händen auf dem Rücken zu verzehren, ist gar nicht so einfach. Nun hängt alles von der vierten Disziplin ab, dem Ausbruchsversuch: Stefan Quoos muss die Generalschlüssel stibitzen, die mit einem Zahlenschloss gesichert sind, und dann mit einer Kugel am Bein weglaufen. Auch bei dieser Disziplin gibt es nur eine Schlussfolgerung: Der WDR 2 Moderator ist nicht zum Knacki geboren. Trotzdem erhält er eine Urkunde für die bestandene Haftübernachtung und ist froh, dass er wieder nach Hause darf, wo der Blick durch die Fenster nicht vergittert ist.

Knastatmosphäre ist hier garantiert

Das Knacki-Hotel ⓘ

„Bei uns sitzen Sie richtig", behauptet das Knast-Hotel in Petershagen. „Gäste" übernachten im alten Gefängnis des historischen Amtsgerichts. Es stehen drei Zellen mit je einem Etagenbett und eine Zelle mit drei Etagenbetten zur Verfügung.

Gefängnis im Alten Amtsgericht
Mindener Straße 16
32469 Petershagen
Tel.: 05707-800120 (Gaststätte Neue Stadtmitte)
www.rast-im-knast.eu

Preise: 25 Euro/Person inklusive Frühstück und Bettwäsche, Kinder (bis 12) 22 Euro, Leihgebühr Knastanzug 5 Euro

38

Der imposante Mönchsgeier Whiskey – Star der Greifvogelstation – im Landeanflug

Die Greifvogelstation in Hellenthal besuchen

Wo der Schocker durch die Lüfte saust

Wenn er kommt, stehen auch dem stärksten Kerl die Haare zu Berge. Mit rund 3,2 Metern Flügelspannweite und elf Kilo Gewicht segelt Mönchsgeier Whiskey millimeterscharf über die Köpfe der Zuschauer hinweg. Whiskey ist zwar nicht so schön wie Uhu-Dame Mary und kann auch nicht so einen eleganten Sturzflug hinlegen wie Adlerin Bea, trotzdem ist er der eigentliche Star der Greifvogelstation Hellenthal in der Nordeifel. Und zwar deshalb, weil Whiskey seinen ganz eigenen Kopf hat.

Wegen seiner Streiche wird er auch „der Schocker von Hellenthal" genannt. Denn wenn ihm gerade der Sinn danach steht, landet Whiskey bei einer Flugschau auch schon mal mitten in der Zuschauermenge, stakst zum nächsten Kinderwagen und schaut, ob das darin liegende Baby auch gelungen ist. Auf seinen ausgedehnten Ausflügen kreist er gerne über die nahe gelegene Oleftalsperre oder fliegt nach Hellenthal in den Ort.

Dort hat er seinen Lieblingslandeplatz auf einer Ampel gefunden. Lässig lässt er seine gigantischen Flügel hängen und verdeckt die komplette Lichtanlage. Die Polizei staunte nicht schlecht, als das erste Mal ein Anruf einging: „Da sitzt ein Geier auf der Ampel." Kommt die Polizei und versucht, Whiskey zu verscheuchen, zieht der brav seine Flügel wieder ein, aber kaum ist das Polizeiauto weg, deckt er das Rotlicht wieder zu. Dann muss Falkner Karl Fischer kommen und Whiskey nach Hause holen. Fischer und Whiskey kennen sich schon eine halbe Ewigkeit, haben gemeinsam trainiert und sind ein eingespieltes Team. Zum Beispiel auch, wenn es um Filmaufnahmen geht: Whiskey hat nämlich schon in mehreren Produktionen mitgespielt.

Zurück im Wildgehege Hellenthal geht jeder dann wieder seiner Wege: Karl Fischer meistens ins Büro, Whiskey mal hierhin, mal dorthin. Gerne besucht er seine Freunde, die Gänsegeier in der Voliere, oder genießt einfach die gute Thermik im Tal. Die Hellenthaler haben sich an den Anblick „ihres" Mönchsgeiers längst gewöhnt und freuen sich, ihn hin und wieder zu sehen. Spätestens gegen sechs Uhr abends kehrt Whiskey von seinen Ausflügen zurück. Dann klopft er stets mit dem Schnabel an die Bürotür von Karl Fischer, als wolle er sagen: „Feierabend, Kumpel!"

Adler, Frettchen und Co.

Das Wildfreigehege beherbergt auf seinem 64 Hektar großen Gelände nicht nur Greifvögel, sondern auch Wildkatzen, Luchse, Frettchen, Marder, Waschbären und jede Menge Wildarten. Viele Gehege kann der Besucher begehen und so Damwild, Esel, Ziegen und Lamas ganz nah kommen.

Markenzeichen des Parks ist übrigens nicht etwa der Schocker, sondern die erfolgreiche Zucht des amerikanischen Weißkopfseeadlers. Das Zuchtprogramm erlangte nach der Übergabe zweier Jungadler an den US-Präsidenten Ronald Reagan 1982 weltweit Berühmtheit.

Hier gibt's auch Tiere ohne Flügel

Im Kreis Euskirchen fliegt der Geier

Greifvogelstation – Wildfreigehege Hellenthal
Wildfreigehege 1
53940 Hellenthal
Tel.: 02482-7240
Mail: info@greifvogelstation-hellenthal.de
www.greifvogelstation-hellenthal.de

Preise: 8 Euro, Kinder (3-14) 6 Euro, Kinder (unter 3) Eintritt frei, Schüler (ab 15), Studenten und Schwerbehinderte 7 Euro, Familien (2 Erwachsene und 2 Kinder) 26 Euro; weitere Preise siehe Homepage

Geöffnet: Kasseneinlass März-Okt. täglich 9-18 Uhr, Nov.-Feb. täglich 10-17 Uhr; Besucher dürfen sich bis zum Einbruch der Abenddämmerung im Park aufhalten; Flugvorführungen mit Greifvögeln und Eulen April-Okt. täglich 11 Uhr, 14.30 Uhr und 16 Uhr, Nov.-März täglich 11Uhr und 14.30 Uhr

Der Schocker bei der Arbeit. Die Flugshows sind ein Publikumsmagnet

39

Mitten durch die schöne Eifellandschaft sausen die Bobfahrer dahin – allein oder im Zweierbo

Die Sommerbob-
bahn runtersausen

Schussfahrt mit Panoramablick in Monschau

750 Meter geht es bergab. Schnell. Kurvig. Aufregend. Danach folgen 500 Meter ruhige Liftfahrt bergauf, gemächlich und immer geradeaus. Die Sommerbobbahn in Monschau bringt Schwung in einen Eifel-Nachmittag.

Nur bei trockenem Wetter ist der Blechkanal geöffnet. Dann kann man die vier Minuten Schnellfahrt in Angriff nehmen – allein oder im Zweierbob. Wenn es die Geschwindigkeit und der Mut zulassen, kann man während der Fahrt sogar den Blick über Monschau und das Rurtal genießen.

Im Winter wird in Monschau nicht Bob gefahren. Wenn Schnee liegt, ist die Bahn zu, dafür gibt es zur kalten Jahreszeit eine Menge Skiangebote. Auf vier Pisten oder bei der Waldabfahrt können sich Skifahrer austoben. Natürlich bietet sich dieser Teil der Eifel auch für Langlauftouren an. Wer die Fortbewegung auf Ski erst noch lernen muss, ist in der Skischule genau richtig. Und damit das Bobgefühl nicht ganz fehlt, gibt es auch eine Rodelwiese.

Für Nichtrodler empfiehlt sich der Ort Monschau selbst. Die komplett erhaltene Altstadt lässt sich bei einem gemütlichen Spaziergang oder im Rahmen von geführten Thementouren erkunden. Gegen Städte wie Heidelberg und Rothenburg ob der Tauber, wo sich die Touristenmassen aus Amerika, Japan und China stapeln, ist Monschau ein echter Geheimtipp.

„Zauberhafter Eifelschatz" lobt sich das Städtchen selbst. Wir meinen: Zu den 50 Dingen, die man in NRW gemacht haben sollte, zählt ein Bummel durch Monschau auf alle Fälle.

Stolze 1.251 Meter lang ist die Rodelbahn

Sommerbob und Eifelschatz

Sommer- und Wintersportzentrum Monschau-Rohren
Rödchenstraße 37
52156 Monschau
Tel.: 02472-4172 oder 0171-7509724
Mail: info@sommerbobbahn.de
www.sommerbobbahn.de

Preise: Einzelfahrt 2,50 Euro, Kinder (bis 15) 2 Euro, 5 Fahrten 10 Euro, Kinder (bis 15) 8 Euro

Geöffnet: April-Nov. Di-So 11-18 Uhr, Sommerferien täglich 10-18 Uhr (außer bei Nässe)

Infos zu allen weiteren Angeboten gibt es beim Sommer- und Wintersportzentrum Monschau-Rohren (siehe oben).

Informationen zu Stadtführungen und Sehenswürdigkeiten in Monschau:
Monschau-Touristik GmbH
Stadtstraße 16
52156 Monschau
Tel.: 02472-80480
www.monschau.de

Geöffnet: täglich 10-17 Uhr

40

Durch Adenauers Rosengarten schlendern

Das Haus des großen Politikers steht in Rhöndorf

Adenauer liebte das Gärtnern – in Bad Honnef kann man sich davon noch heute überzeugen

■ Er war der jüngste Oberbürgermeister einer deutschen Großstadt, als er 1917 mit 41 Jahren OB von Köln wurde. Und er war 73 Jahre alt, als er bei der Rhöndorfer Konferenz 1949 seine Ambitionen anmeldete, Bundeskanzler zu werden. Für ein oder zwei Jahre würde es schon gehen, habe der Arzt gesagt – es wurden 14 daraus.

Konrad Adenauers Haus in Rhöndorf war ein Rückzugsort von der großen Politik, hier lebte er mit seiner Familie. Nur selten kamen Staatsgäste her. Die Freizeit stand im Vordergrund. Adenauer war ein begeisterter Hobbygärtner, vor allem Rosen hatten es ihm angetan. Außerdem war er Deutschlands bekanntester Bocciaspieler. Damit er auch daheim nicht auf diesen Sport verzichten musste, ließ er auf dem steilen Grundstück extra eine Bocciabahn anlegen – mit Flutlicht!

Das alles kann man besichtigen. Die Rosen, die Bocciabahn, Adenauers Schreibpavillon im Garten und das ganze Haus. Nach dem Tod des Altkanzlers ging das Anwesen an die Bundesrepublik, damit es für die Öffentlichkeit erhalten werden konnte. Verändert wurde nichts. Die Wohnzimmersessel stehen da, als sei „der Alte" nur mal kurz raus. Und auch die Standuhren werden immer noch aufgezogen. Es gibt mehrere davon: Adenauer liebte Pünktlichkeit.

Unterhalb des Hauses wurde ein kleines Museum eingerichtet. Hier werden Orden und Büsten aufbewahrt und ausgestellt, dazu jede Menge Bilder und Dokumente aus dem politischen Leben des Altkanzlers. Außer-

Adenauer in Fakten

Geburtsname: Conrad Hermann Joseph Adenauer
Geboren: 5. Januar 1876 in Köln
Gestorben: 19. April 1967 in Bad Honnef
Beruf: Studierter Jurist

Gut zu wissen:
- 1917-1933 Oberbürgermeister von Köln (Zentrumspartei)
- 1945 von den Amerikanern vorübergehend als Kölner OB eingesetzt
- 1949-1963 erster Bundeskanzler der Bundesrepublik Deutschland (CDU)
- Der Flughafen Köln/Bonn wurde nach Adenauer benannt, neben Denkmälern, etlichen Plätzen, Straßen und anderen Bauwerken
- Der Mercedes-Benz 300 war zu Adenauers Kanzlerzeit der Standarddienstwagen für die Bundesregierung und ist seitdem als „Adenauer-Mercedes" bekannt. Das Original von Adenauer kann im Haus der Geschichte der BRD in Bonn besichtigt werden

Mehr über das Leben und Wirken der Legende unter www.konrad-adenauer.de

dem gibt es Muster von Adenauers Erfindungen. Er war nämlich ein großer Tüftler und erfand alles Mögliche: vom Notbrot auf Maismehlbasis über eine klappbare Gießkannentülle bis zum elektrischen Insektentöter. Dieser hätte übrigens durchaus seine letzte Erfindung sein können. Es stellte sich nämlich heraus, dass die geplante Spannung in dem Gerät wahrscheinlich nicht nur für Insekten, sondern für den Benutzer selbst tödlich gewesen wäre.

Das Adenauer-Haus bietet einen kurzweiligen, interessanten Nachmittag und gehört auf jeden Fall zu den Dingen, die man in NRW unbedingt machen sollte.

Zwei Staatsmänner, zwei Freunde: Adenauer und de Gaulle als Statuen im Garten

Daheim bei Adenauer

Stiftung Bundeskanzler-Adenauer-Haus
Konrad-Adenauer-Straße 8c
53604 Bad Honnef-Rhöndorf
Tel.: 02224-9210, Besucheranmeldung Tel.: 02224-921234
Mail: besucherdienst@adenauerhaus.de
www.adenauerhaus.de

Preise: Eintritt frei, Gruppen ab 10 Personen werden um Voranmeldung gebeten

Geöffnet: Okt.-April Di-So 10-16.30 Uhr (außer Karneval, Weihnachten, Silvester), Mai-Sept. bis 18 Uhr

Vom Ausstellungsgebäude aus werden regelmäßig Führungen durch den Garten zum Wohnhaus angeboten.

41

Bibelgeschichten in Bildern: Im Mittelalter konnte nicht jeder Gläubige lesen

Die Bonten Kerken im Bergischen bestaunen

Diese fünf Kirchen sind buchstäblich malerisch

■ Bonte Kerken bedeutet „Bunte Kirchen". Im Oberbergischen gibt es mehrere davon. Auf den ersten Blick scheinen sie aber gar nicht bunt zu sein: In strahlendem Weiß präsentiert sich das Äußere der kleinen Landkirchen. Erst wenn man hineingeht, erschließt sich die Bezeichnung Bonte Kerke. Die Wände und Säulen in den Kirchenschiffen sind nämlich mit bunten Szenen ausgemalt – bei einigen Kirchen mehr, bei anderen weniger, bei allen aber eindrucksvoll.

Ihren Ursprung haben die Malereien im Mittelalter. Damals konnten, zumal auf dem Land, nicht alle Menschen lesen. Mit frommen Sprüchen in dicken Büchern konnte man sie deshalb nicht unbedingt erreichen. Also setzte man, neben der Predigt des Pfarrers, auf die Kraft der Bilder. Die Zehn Gebote, manche Heiligengeschichten und natürlich Warnungen vor der Hölle wurden den Gläubigen im wahrsten Sinne des Wortes in allen Farben ausgemalt.

Ganz offensichtlich setzten die Künstler und ihre Auftraggeber damals auf eine klare Ausdrucksform. Heute würde man sagen: Sie machten ein niederschwelliges Angebot. Damit keine Missverständnisse möglich waren, wählten sie eindrucksvolle Szenen. Ein Feuer spuckendes, Menschen verschlingendes Biest ist nun mal leicht als Warnung vor einem sündhaften Leben zu begreifen. Der besseren Verständlichkeit halber wurden die Szenen auch gern in knalligen Farben und mit deutlichen Umrisslinien dargestellt. Comicfreunde der Neuzeit kommen mit dieser Bildersprache sofort zurecht.

Dass man die Gemälde heute noch sehen kann, ist nicht selbstverständlich. Die Reformation machte nämlich eigentlich Schluss mit bunt. Die Protestanten wünschten Strenge, Klarheit und Konzentration auf den Pfarrer. Die Bilder verschwanden im Lauf der Zeit unter einer Putzschicht und weißer Farbe. Erst als man vor 100 Jahren damit begann, die Kirchen zu renovieren, kamen die alten Malereien wieder zum Vorschein. Heute können die Kirchenbesucher in der Regel lesen. Ihre Wirkung verfehlen die farbenfrohen Illustrationen der Bibelgeschichten aber trotzdem nicht.

Die Bonte Kerke Lieberhausen

Die fünf Bonten Kerken

ⓘ

Evangelische Kirche Lieberhausen
Kirchplatz
51647 Gummersbach
Tel.: 02354-2031 oder für Führungen 02763-7246

Evangelische Kirche Müllenbach
Kirchstraße 4
51709 Marienheide

Evangelische Kirche Marienhagen
Kirchplatz 1
51674 Wiehl
Tel.: 02261-77673

Evangelische Kirche Marienberghausen
Kirchstraße 1
51588 Nümbrecht
Tel.: 02293-1778

Evangelische Kreuzkirche Wiedenest
Martin-Luther-Straße 1
51702 Bergneustadt
Tel.: 02261-41141

Hinweis: Die Öffnungszeiten der Kirchen sind unterschiedlich, manchmal ist auch eine Terminabsprache notwendig. Weitere Informationen gibt es auf www.bunte-kirchen.de und bei:

Naturarena Bergisches Land
Eichenhofstraße 31
51789 Lindlar
Tel.: 02266-463370
www.dasbergische.de

42

In ein Kanalröhren-Hotel einchecken

Die exotische Herberge steht in Bottrop

In die Röhre gucken? WDR 2 Moderator Jürgen Mayer nächtigt lieber darin

Unter dem „Parkhotel" im Bernepark hatte sich Jürgen Mayer etwas recht Nobles vorgestellt und hoffnungsvoll sein Übernachtungstäschchen gepackt. Schlafen gehen für die 50-Dinge-Mission ist genau sein Ding. Aber in Bottrop angekommen guckt er ganz schön in die Röhre und übernachtet prompt in selbiger. Jürgen Mayer soll die Nacht in einer echten Abwasserröhre verbringen. Das zumindest ist es, wovon WDR 2 Hörerin Claudia Lehne meint: Jeder Nordrhein-Westfalen sollte es einmal getan haben.

Das „Parkhotel" steht auf dem Gelände der ehemaligen Kläranlage Bernemündung. Hier wurde 40 Jahre lang ordentlich was weggefiltert, aber seit 1997 ist die Anlage stillgelegt. Im Rahmen der Emscherkunst 2010 wurde das Ganze dann zum Kunstwerk. Die ehemaligen Klärbecken sind bepflanzt und werden nachts wunderschön beleuchtet. Der österreichische Künstler Andreas Strauss entwarf zudem das einfache und außergewöhnliche Hotelkonzept, das er selbst „Gastfreundschaftsgerät" nennt. Und das besteht aus fünf Betonröhren, die zu Hotelzimmern umgebaut wurden. Mit einer Länge von drei Metern und einem Durchmesser von 2,4 Metern sind die Zimmer eher kuschelig als großzügig, aber das ist ja auch Teil des Konzepts. Wie in einem Kokon soll sich der Gast laut Betreiber fühlen. Immerhin kann man aufrecht in den Röhren stehen und sich ohne Probleme umdrehen.

Die erste bange Frage, die Jürgen Mayer umtreibt, ist: Wurde seine Übernachtungsröhre tatsächlich früher einmal für Abwasser genutzt? Doch die Sorge scheint unbe-

Das sind die fünf Suiten des Röhrenhotels im Bernepark auf der Emscherinsel

gründet. Die Röhre ist sauber und müffelt kein bisschen. Schlafen wird der Moderator in einem Doppelbett auf einem „ergonomisch optimierten Betteinsatz", wie er erleichtert feststellt. Auch sonst wirkt die Röhre komfortabler als auf den ersten Blick vermutet. Vorne ist eine verschließbare Holztür angebracht, hinten ist die Röhre eh zu. Vor einem möglichen Regen ist Jürgen Mayer also absolut sicher. Es gibt eine kleine Luke, durch die Licht einfällt und dank derer man nachts herrlich den Sternenhimmel betrachten kann, wenn der Bottroper Nachthimmel das zulässt. Neben dem Bett findet der Gast ein kleines Nachtschränkchen für seine Utensilien ebenso wie eine Nachttischlampe. Nur die Minibar sucht Jürgen Mayer vergebens. Auch für andere Bedürfnisse muss er seinen gemütlichen Kokon wieder verlassen: Hinter den Röhren steht ein WC-Container in einem Wäldchen, in einem benachbarten Maschinenhaus gibt es ein Restaurant zum Essen.

Das Konzept ist denkbar einfach. Man reserviert eine Röhre im Internet, den Zugangscode erhält man dann per SMS. Die Kosten für die Übernachtung sind nicht fix: Jeder legt einfach so viel, wie er will, in einen Umschlag. Höchstens zwei Nächte darf ein Gast im Röhrenhotel bleiben, dann muss er Platz für den Nächsten machen, und der steht schon in den Startlöchern. Bereits kurz nach der Eröffnung im Mai 2011 damals waren laut Betreiber Gregor Evers schon mehr als 300 Reservierungen eingegangen.

Da die Röhren nicht beheizt sind, ist die Hotelsaison recht kurz. Spätestens wenn die Nachttemperaturen einstellig werden, ist es im „Parkhotel" zu kalt. Im Sommer ist das Übernachten dagegen herrlich, und so fällt auch Jürgen Mayers Fazit durchaus positiv aus: „Hoher Abenteuerfaktor, unbedingt machen!"

In der Röhre schlummern

Parkhotel im Bernepark
Ebelstraße 25a
46242 Bottrop
Mail: info@dasparkhotel.net
www.dasparkhotel.net

Reservierung: Gebucht wird über die Internetseite. (Am besten frühzeitig, die Röhren sind auf Monate ausgebucht.) Dort steht auch, wann eine Röhre frei ist. Die maximale Aufenthaltsdauer beträgt zwei Übernachtungen.

Preise: Bezahlt wird so viel, wie es sich die Gäste leisten können. Mit einer Spende von 20 Euro werden die Aufwandskosten gedeckt, wer das Projekt unterstützen möchte, lässt ein wenig mehr Geld da. Schlüsselpfand 20 Euro

Anreisezeit: Mo 15-16 Uhr, Di-So 15-20 Uhr

Der Park
Tel.: 02041-3754840
Mail: info@bernepark.de
www.bernepark.de

Preise: Eintritt frei

Geöffnet: Di-Do, So 11-22 Uhr, Fr/Sa 11-24 Uhr, Mo Ruhetag

Picknick zwischen Bullis und schönes Wetter – der perfekte Sonntag für Oldtimerfans

43

Zum Oldtimertreffen in Hilgen fahren

NRWs wöchentliche Klassikerversammlung

Am „H" auf dem Kennzeichen erkennt man Autos, die über 30 Jahre alt sind. Meist sind sie nur bei schönem Wetter am Wochenende unterwegs. Oldtimer sind Kulturgut. Immerhin sind wir eine Autogesellschaft, und jeder verbindet Erinnerungen und Anekdoten mit den oft chrombeladenen Modellen aus vergangenen Zeiten.

Es gibt, über den Sommer verteilt, viele Oldtimertreffen. Meistens sortieren sich Autos und Besitzer dabei nach Marken. Dann stehen in einem Schlosshof plötzlich 15 Vorkriegs-Fords, oder auf einer Landstraße kommt einem ein Konvoi aus drei Dutzend alter Schätzchen mit Mercedessstern entgegen.

Der alte Güterbahnhof in Burscheid-Hilgen ist jeden Sonntag Schauplatz eines ganz besonderen Oldie-Spektakels. Bei schönem Wetter tuckern vormittags lauter alte Autos auf die gekieste Fläche, wo früher die Gleise lagen. Sämtliche Marken und Baujahre sind dabei: Da steht ein englischer Veteran mit Holzspeichen neben einer Gruppe vom Typ Opel Kapitän. Etwas weiter werden Klappstühlchen aus zwei VW-Bullis geladen, eine offene Motorhaube lädt zu einem Blick auf einen seltenen Wankelmotor ein, oder jemand heizt die Dampfmaschine eines uralten Traktors vor. Dazwischen tummelt sich alles, was man noch in den 1960ern, 1970ern und frühen 1980ern auf den Straßen gesehen hat. An manchen Sonntagen sind es mehrere Hundert Fahrzeuge, die sich hier versammeln. Reglement gibt es keines, man kommt an, parkt, spaziert ein bisschen herum und fährt wieder ab. Neuere Autos werden von freiwilligen Helfern freundlich, aber bestimmt weggeschickt.

Gegen 13 Uhr ist der ganze Spuk vorbei. Die automobilen Kulturgüter cruisen zurück in ihre Garagen oder begeben sich auf eine Tour durch das Bergische Land – zum Beispiel nach Bensberg an die Saaler Mühle, wo sich seit einigen Jahren ein ähnliches Treffen entwickelt. Im Moment ist es noch wesentlich kleiner, aber das kann ja noch werden. Gründe für eine Sonntagsausfahrt werden schließlich immer gesucht.

Nostalgie auf Rädern

In Hilgen
Güterbahnhof Hilgen, Bahnhofstraße 1, 51399 Burscheid
Mail: oldtimertreffenburscheid@gmx.de, Facebook-Seite des Oldtimertreffs:
www.facebook.com/Oldtimertreffen.Hilgen

Preise: Eintritt frei

Termine: März-Okt. jeden Sonntag 9-13 Uhr (außer bei strömendem Regen)

Hinweis: Da sich das Treffen mittlerweile größter Beliebtheit erfreut, muss der Parkplatz zu Stoßzeiten oft wegen Überfüllung geschlossen werden. Es ist also ratsam, sich entweder schon bis 10 Uhr zum Treffen zu begeben oder noch gemütlich eine Runde durchs Bergische zu drehen und sich erst ab ca. 12 Uhr unter das „fahrende Volk" zu mischen.

In Bensberg
Auf dem Parkplatz der Eissporthalle in Bergisch Gladbach-Bensberg
(Saaler Straße 100, 51429 Bergisch Gladbach) ist sonntags ebenfalls ein Bereich für Oldtimer reserviert. Man folgt der Beschilderung „Saaler Mühle".

Preise: Eintritt frei

Termine: April-Okt. jeden Sonntag etwa 10-13 Uhr

Hinweis: Nicht-Oldtimer parken etwas entfernt

44

Über 13 Autobahnen aus NRW rausfahren

... und auch wieder heimkehren

Ganz schön kompliziert: Das Autobahnkreuz Köln-Ost verbindet die A3, A4 und B55a

„Weniger Fahrzeit, mehr Freizeit", freute sich 1971 Bundesverkehrsminister Georg Leber bei der Eröffnung des letzten Teilstücks der Sauerlandlinie A45 bei Lüdenscheid. Die „Schönheitskönigin der Autobahnen" war endlich durchgängig befahrbar, und damit eine weitere Möglichkeit geschaffen, Nordrhein-Westfalen per Autobahn zu besuchen.

Weniger begeistert äußerte sich 40 Jahre später der NRW-Verkehrsminister: „NRW ist Stauland Nummer eins", stellte Michael Groschek fest. Nordrhein-Westfalen hat aufregende und langweilige Autobahnen zu bieten, wunderschöne und reichlich triste, knallvolle und ziemlich volle. 13 davon haben etwas gemeinsam: Man kommt auf ihnen über die Landesgrenzen rein und raus aus NRW. Und die, schlug ein WDR 2 Hörer vor, sollte man doch bitte mal alle ausprobieren.

Warum fahren wir so gerne auf Autobahnen? Verkehrspsychologe Michael Dick hat das vor einigen Jahren in einem WDR Interview versucht zu erklären: „Es ist eine Metapher auf das Leben, und zwar eine, die das Leben auf eine angenehme Art reduziert: auf das Nach-vorne-Bewegen, auf das Immer-Weiter. Wenn Sie in der Bahn sitzen und nach rechts oder links schauen, dann rasen die Dinge, die dicht am Gleis sind, schnell an Ihnen vorbei. Und dadurch hat man das Gefühl, ‚außerhalb der Landschaft' zu sein. Wenn man im Auto sitzt, ist man in der Mitte der Landschaft, man ist Teil davon, weil man auch nach vorne und hinten sehen kann."

Ausprobieren? Auch wenn's bei uns immer voll ist – wir von WDR 2 freuen uns, wenn Sie nicht nur wegfahren, sondern auch wieder zurückkommen!

Fahr'n, fahr'n, fahr'n, auf der Autobahn

Aus NRW hinaus und wieder hinein geht es, im Uhrzeigersinn, auf folgenden Autobahnen: A31, A30, A1, A33, A2, A44, A45, A3, A565, A61, A52, A40 und A57

Verkehrsinfos
Neben den regelmäßigen Durchsagen auf WDR 2 erhalten Sie während der Hauptverkehrszeiten auch Verkehrsinformationen über die Mittelwellenfrequenzen 720 und 774 kHz. Dazu gibt es die WDR Staunummer: 0221-16803050 und die Übersicht im Netz: www.wdr.de/verkehrslage. Allen Smartphone-Besitzern sei dabei die mobile Version wap.wdr.de ans Herz gelegt.

Besonders romantisch im eigenen Häuschen: die Bockenbuscher Milchtankstelle

Frische Milch aus dem Automaten zapfen

Die 24-Stunden-Tankstelle für den weißen Trank

„Einmal volltanken, bitte!" „Gerne! Vollmilch oder fettarm?" Ganz so funktioniert das Milchzapfen nicht. Die Automaten heißen zwar Milchtankstellen, sehen aber ganz anders aus. An manchen Bauernhöfen erinnern sie an die Flaschenautomaten im Supermarkt, bei anderen ist ein einfacher, kleiner Metallkasten mit einem Münzschlitz angebracht. Wer seine eigene Flasche oder Kanne mitbringt, befüllt sie hier, wer keine zur Hand hat, kann gegen Pfand eine Flasche bekommen.

Das Prinzip ist einfach: Geld einwerfen, Gefäß einstellen, Startknopf drücken. Was rauskommt, ist frische Rohmilch. Diese unbehandelte Kuhmilch schmeckt anders als die Tütenvariante aus dem Supermarkt: viel sahniger und intensiver – richtig nach Natur!

Es ist auch einiges mehr drin, nämlich alles, was die Kuh an guten Mineralstoffen und Vitaminen produziert. Dafür ist die Milch dann auch nur zwei bis drei Tage haltbar und sollte möglichst immer gekühlt sein. Wegen möglicher Keime sind die Milchbauern angehal-

Rund um die Uhr geöffnet und garantiert immer frisch: der Milchautomat

Rohmilch

... ist völlig unbehandelt, enthält in dieser Form die meisten Nährstoffe und hat den natürlichsten Milchgeschmack.

... hat einen Fettgehalt von 3,8 bis 4,4 Prozent, je nach Kuhrasse und Futter.

... sollte vor allem für Kinder und Schwangere vor dem Verzehr abgekocht werden, um mögliche Keime abzutöten. Dabei genügt es, die Milch für ca. 20 bis 30 Sekunden auf 72 Grad zu erhitzen.

... ist im Kühlschrank zwei Tage haltbar.

ten, an ihrer Milchtankstelle ein Schild aufzuhängen, das zum Abkochen der Milch rät.

Der Liter ist beim Bauernhof meist etwas günstiger als im Geschäft, aber das allein ist nicht der Grund, weshalb jeder Nordrhein-Westfale einmal Milch am Automaten gezapft haben sollte: Das Kauferlebnis auf dem Bauernhof ist etwas für die ganze Familie. Vorbei an vorwitzigen Ziegen und einer Scheune mit gigantischen Heuballen muss man sich den Weg zur Milch oft erst suchen. Direkt neben dem Raum mit dem Automaten gibt es auf manchen Bauernhöfen Kaninchen oder Meerschweinchen, die sich über ein paar Löwenzahnblätter freuen. Hier glaubt man gerne, dass die Kühe noch glücklich sind.

Entstanden sind die Milchtankstellen als Protest der Bauern gegen die großen Handelskonzerne. Die drückten nämlich die Milchpreise immer stärker und drängten die Bauern dazu, mehr zu produzieren. Die einzelne Kuh sollte zum Hochleistungsprodukt angetrieben werden und rund doppelt so viel Milch ausschütten wie früher, nur um rentabel zu sein. Gut, dass einigen Bauern das unheimlich war. Sie wollten ihren Kühen nach wie vor die Weide gönnen, gründeten einen neuen Verband und versuchen, durch kleine Nischen, wie etwa die Milchtankstelle, doch ihr Auskommen zu erlangen.

Und so profitieren alle von der Idee: Der Bauer erhält mehr Geld für seine Milch, die Kuh hat ein angenehmeres Leben, und die Verbraucher bekommen Milch, die besser schmeckt und gehaltvoller ist. Das Geschäftsmodell „milk-to-go" funktioniert. Die Verbraucher zapfen auch deshalb gerne Milch an der Tankstelle, weil sie Tag und Nacht geöffnet ist. Sollte einem beim mitternächtlichen Backen also mal die Milch ausgehen – kein Problem. Und auch wenn Eier knapp werden, helfen viele Bauernhöfe. Eier gibt's nämlich oft direkt neben der Milchtankstelle – auch am Automaten.

O'zapft is!

An sieben Tagen die Woche rund um die Uhr gibt er Milch, so ein Automat mit frischer Rohmilch. Die Füllmenge ist individuell einstellbar.

Betriebe, die Rohmilch verkaufen dürfen, unterliegen übrigens strengsten hygienischen Vorschriften.

In NRW gibt es die Milchautomaten unter anderem hier:

Gut Kreuzchen
Kinkebahn
52076 Aachen
www.milchautomat-aachen.de

Gut Lerbach
Oberlerbach 5
51465 Bergisch Gladbach
www.gut-lerbach.de

Milchtankstelle Bockenbusch
Bockenbuscher Weg 2
53819 Neunkirchen-Seelscheid

„Muhkuhmat" auf Hof Freisfeld
Lippestraße 99
59071 Hamm-Werries

Weitere Milchtankstellen und mehr Infos zum Thema:
www.milchtankstellen.de

46

Schuh am Stock und ... eingelocht! Bauerngolf kann man z. B. auf dem Moerenhof spielen

Beim Bauerngolf den Holzschuh schwingen

Und wer hat's erfunden? Die Niederländer ...

Früher verstand man unter einem Bauerngolf einen VW mit Breitreifen, Rallye-Lackierung und Fuchsschwanz an der Antenne. Am Samstagabend sahen Stadtmenschen dieses Auto vor einer Diskothek stehen und erkannten anhand des Kennzeichens: Aha, Landvolk ist da.

Darum soll es aber in diesem Artikel nicht gehen. Vielmehr ist eine Sportart des gleichen Namens in die Liste der 50 Dinge gewählt worden, die man in NRW unbedingt mal gemacht haben sollte. Bauerngolf ist ein Freizeitvergnügen, das an immer mehr Naherholungszielen betrieben werden kann.

Golfbälle, -schläger und Trolley sehen beim Bauerngolf rustikaler aus

So elitär wie beim „richtigen" Golf geht es dabei nicht zu. Karohose und Noppenschuhe sind nicht gefragt. Im Gegenteil: Mit Gummistiefeln und legerer Kleidung dürfte man am passendsten gekleidet sein.

Beim Bauerngolf gilt es, einen Ball mithilfe eines Holzschuhs in ein Ziel zu spielen. Das Ziel ist dabei kein kleines Loch im Rasen, sondern ein lustiger Gegenstand oder traditionell ein schlichter Eimer. Den Holzschuh muss man nicht am Fuß tragen, er ist an einer Stange befestigt. Die schwingt man locker durch, trifft mit etwas Glück den Ball und schaut dann, ob er in Richtung Ziel fliegt oder nicht: Milchkannen oder Kanalrohre machen das Einlochen komplizierter und spannender.

Die Spielregeln beim Bauerngolf dürfen übrigens ganz locker gehandhabt werden. Der Spaß steht hier im Vordergrund. Erfunden wurde der unterhaltsame Sport in den Niederlanden – und damit ist auch klar, warum es ausgerechnet ein Holzschuh ist, der den Ball vorantreibt.

Ran an die Schläger ⓘ

Bauerngolf lässt sich an einigen Orten in NRW spielen, eine witzige Neun-Loch-Anlage gibt es zum Beispiel beim Moerenhof:

Mörmterer Straße 7
46509 Xanten-Marienbaum
Tel.: 02804-182851
Mail: moerenhof@gmail.com
www.moerenhof.de

Zeiten: gegen Voranmeldung, eine Runde dauert ca. 70-90 Minuten

Preise: 5 Euro, Kinder 3,50 Euro, weitere Preise siehe Homepage

Weitere Bauerngolfplätze in NRW:
www.bauerngolf-eifel.de
www.bosselbacher-hof.de
www.gasthausrose.net/bauerngolf.shtml
www.maislabyrinth-suedlohn.de/bauerngolf

Mehr zur Geschichte und den Regeln des Bauerngolfs unter:
www.bauerngolf.de

47

Im Dreieck angelegt: Das Gemäuer der Wewelsburg ist Zeuge einer wechselhaften Geschichte

Auf der Wewelsburg bei Paderborn residieren

Sie ist Deutschlands einzige Dreiecksburg

Die Wewelsburg hat einen dreieckigen Grundriss. Das gibt es sonst so gut wie nirgends. Und weil das 400 Jahre alte Renaissanceschloss auch heute noch in geschlossener Bauweise dreieckig ist, ist es das einzige seiner Art.

Die ältesten Mauern auf dem Berg über dem Almetal gehen auf das 10. Jahrhundert zurück. Die Burg in ihrer heutigen Form entstand im 17. Jahrhundert. Damals residierten hier die Paderborner Fürstbischöfe. Zu diesem Abschnitt der Geschichte gibt es in der Burg das Historische Museum des Hochstifts Paderborn.

In den 1920er-Jahren diente die Wewelsburg als Unterkunft für Wanderer. Auch heute ist wieder eine Jugendherberge darin untergebracht. (Zur Geschichte der Jugendherbergen siehe auch Platz 28 auf der 50-Dinge-Liste!) Gut 200 Betten stehen zur Verfügung.

Die Geschichte der Dreiecksburg hat aber noch ein anderes, dunkles Kapitel: Die Nazis hatten den Ort als Kultzentrum ausgesucht. Heinrich Himmler befahl den Umbau zur Ausbildungsstätte für den SS-Nachwuchs. So richtig kam das Projekt aber nicht in Gang, unter anderem, weil das nötige Geld fehlte. Der Krieg verhinderte die Vollendung von Himmlers Pilgerstätte.

1945 versuchten die SS-Leute vor ihrer Flucht vor den anrückenden amerikanischen Soldaten, die „Kultstätte" zu zerstören. Sie setzten Teile der Burg in Brand. In den Nachkriegsjahren wurde die Burg dann wiederaufgebaut. Über die Opfer (über 1.200 Zwangsarbeiter kamen beim Bau der

Ausbildungsstätte im Krieg ums Leben) und die Ideologie der SS informiert eine Ausstellung in der Burg. Seit einigen Jahren gibt es auf dem ehemaligen KZ-Gelände in der Nähe ein Mahnmal.

In Zusammenarbeit mit dem Museum bietet die Jugendherberge Veranstaltungen zum Nationalsozialismus und der Neonaziszene von heute an. Mehr darüber erfährt man auf der Homepage der Burg.

Typisch Burg! Ritterrüstungen am Empfang der Herberge

Schlaf und Wissen auf dem Bergschloss

i

Jugendherberge Wewelsburg
Burgwall 17, 33142 Büren-Wewelsburg, Tel.: 02955-6155, Mail: jh-wewelsburg@djh-wl.de
www.djh-wl.de/wewelsburg

Preise: Übernachtung mit Frühstück ab rund 20 Euro
(zur DJH-Mitgliedschaft siehe Seite 83)

Kreismuseum Wewelsburg
Burgwall 19, 33142 Büren-Wewelsburg, Tel.: 02955-76220
www.wewelsburg.de

Preise: Dauerausstellung „Ideologie und Terror der SS" frei, Dauerausstellung im Historischen Museum des Hochstifts Paderborn 3 Euro, erm. 1,50 Euro, Familienkarte 6 Euro

Geöffnet: Di-Fr 10-17 Uhr, Sa/So und Feiertage 10-18 Uhr
(24.+25.+31. Dez., 1. Jan. geschlossen)

48

Das rheinische Nizza bei Bonn fotografieren

Vor Bad Honnef liegen zwei malerische Inseln

Schöne Aussichten von der Insel Grafenwerth, die schon zu Rheinland-Pfalz gehört

Der Rhein: Transport- und Reiseroute seit Jahrtausenden. Römische Kaufleute ließen auf ihm ihre Handelsschiffe flussabwärts treiben, um die Bewohner der Colonia Claudia Ara Agrippinensium (heute Köln) mit Wein und Oliven zu versorgen. Ein halbes Jahrtausend zuvor hatten bereits die Kelten den Strom mit Treidelschiffen befahren.

Im 19. Jahrhundert entstand dann der Tourismus. Erfunden haben ihn die Engländer, aber bald machten alle mit, die es sich leisten konnten. Schöne Regionen wie das Mittelrheintal erlebten so einen Aufschwung. Mit Dampfschiffen oder – ab Mitte des 19. Jahrhunderts – mit der Eisenbahn kamen die Besucher aus allen Richtungen.

Einer der Orte, die man gesehen haben musste, war das romantische Rheintal. Und noch heute setzen pfiffige Reiseführer ihre Schützlinge aus China oder Amerika gern in den Intercity zwischen Mainz und Köln – und zwar auf die Flussseite! So können sie den Rhein, die Burgen und die uralte Kulturlandschaft komfortabel vom Zugfenster aus erleben.

Bad Honnef bekam den Beinamen „Nizza vom Rhein" verliehen. Alexander von Humboldt gilt als Urheber dieser Bezeichnung. Als Bonn noch Bundeshauptstadt war, wohnten viele Politiker in der Kurstadt und ihren Vororten. Der berühmteste war Kanzler Konrad Adenauer (siehe dazu auch Platz 40 der 50 Dinge), der in seinem Haus im Stadtteil Rhöndorf politische Strippen zog und leidenschaftlich gärtnerte. Politiker wissen halt, wo es schön ist.

Bad Honnef ruht malerisch am Rheinufer, mit dem Siebengebirge im Rücken. Davor liegen im Rhein die Inseln Grafenwerth und Nonnenwerth, unsichtbar getrennt durch die Landesgrenze. Grafenwerth gehört zu Rheinland-Pfalz und beherbergt ein Thermalbad, einen großen Park und Gastrono-

Gutbetuchte Einwohner und mediterraner Charme – das „Nizza am Rhein"

mie. Die Insel ist von Bad Honnef über zwei Brücken über den Altarm des Rheins erreichbar. Ganz anders die zwei Kilometer lange Insel Nonnenwerth, die größtenteils zu NRW gehört und ein Ort der Besinnung ist. Hier wurde schon im 12. Jahrhundert ein Frauenkloster errichtet, das 1854 von den Franziskanerinnen übernommen wurde und heute auch ein Gymnasium beherbergt. Die Insel ist nur mit der Fähre zu erreichen – auf Touristen legen die 25 Franziskanerinnen keinen Wert. Menschen mit ernsthaft spirituellen Absichten sind aber im Kloster willkommen.

Als Hörerin Heike van den Bergh mitbekam, dass WDR 2 wieder Dinge sucht, die man in NRW gemacht haben sollte, schrieb sie: „Man muss sich unbedingt diesen Inseln mit dem Ruderboot auf dem Rhein genähert haben."

Das Rudern auf dem Rhein hat aber seine Tücken. Die Strömung ist ganz ordentlich, und der Schiffsverkehr ebenfalls gefährlich. Als Tourist vertraut man lieber der Fähre, die von Bad Honnef zum gegenüberliegenden Rolandseck pendelt. Bei der Gelegenheit kann man ein wunderschönes Foto von den Inseln schießen.

Insel Grafenwerth

53604 Bad Honnef, Tel.: 02224-71535, Mail: info@grafenwerth.de, **www.grafenwerth.de**

Autofähre zwischen Bad Honnef und Rolandseck (fährt an den Inseln vorbei)
Tel.: 02224-2560, Mail: service@faehre-honnef.de, **www.faehre-honnef.de**

Anlegestelle: Rheinstraße, 53604 Bad Honnef
Preise: Hin- und Rückfahrt 1,40 Euro
Geöffnet: Mo-Sa 6.30-21 Uhr, So 8-21 Uhr, Ausnahmen siehe Internetseite

Schiffstouren mit Halt auf der Insel Grafenwerth werden z. B. angeboten von:

Bonner Personenschiffahrt
Tel.: 0228-636363, **www.b-p-s.de**

Tägliche Touren auf dem Rhein, Anleger auf der Insel Grafenwerth.
Preise und Zeiten je nach Tour.

Köln-Düsseldorfer Deutsche Rheinschiffahrt
Tel.: 02224-2372, Mail: info@k-d.com, **www.k-d.com**

Täglich mehrere Fahrten nach Grafenwerth, zum Beispiel von Köln, Bonn oder Königswinter, Preise und Zeiten auf der Internetseite.

Eine Auflistung der Schifffahrtsgesellschaften findet man auf der Internetseite der Stadtinfo Bad Honnef, Tel.: 02224-9882746
Mail: info@stadtinfo-badhonnef.de, **www.termine-badhonnef.de**

49

Ausverkaufte Ränge: Deutschlands einziges Rasenturnier findet im ostwestfälischen Halle statt

Ein Tennismatch wie in Wimbledon sehen

100.000 Tennisfans pilgern jährlich nach Halle

Wimbledon ist so oft als das Mekka des Tennissports bezeichnet worden, dass man langsam wirklich glauben könnte, alle Hobbytennisspieler müssten mal dahin gepilgert sein. Für die meisten ist die Fahrt nach London aber doch zu weit. Gut, dass es für Bewohner Nordrhein-Westfalens eine nähere Möglichkeit gibt, feinstes Rasentennis zu bewundern: die Gerry Weber Open in Halle/Westfalen.

Das Herrenturnier existiert erst seit 20 Jahren – angesichts alter Traditionsturniere wie in Düsseldorf, Hamburg oder Stuttgart ein Klacks. Außerdem ist Halle alles andere als eine Großstadt: Etwa 22.000 Menschen wohnen hier. Trotzdem kommen jedes Jahr mehr als 100.000 Fans zu den Matches.

Das Geheimnis ist der Platzbelag: Andere deutsche Turniere können nur mit rotem

Sand aufwarten. Der in Halle ansässige Modeunternehmer Gerhard „Gerry" Weber hatte dagegen die Idee, einen Wettbewerb auf Rasen zu starten. Auf Rasenplätzen springen die Bälle anders, die Spieler müssen sich umgewöhnen. Verbunden mit Webers alljährlichem Turniertermin im Juni ergibt das ein gutes Argument für Spitzenspieler, nach Halle zu kommen: Kurz danach startet Wimbledon, DAS Rasenturnier schlechthin. In Halle kann man sich optimal darauf vorbereiten. Ein hochkarätig besetztes, internationales Feld ist die Folge. Und das zieht wiederum Zuschauer an.

„Ein deutscher Modezar" lautete der Titel eines WDR Porträts über Gerhard Weber.

Mit 23 Jahren eröffnete er 1966 ein Geschäft für Damenmode. Im Laufe der Jahre machte er aus diesem kleinen Laden ein ganzes Modeimperium. Seine Verbindung zum Tennis begann, als er mit der erst 17-jährigen Steffi Graf einen Sponsorenvertrag abschloss. Das war 1986. Im Jahr 1993 startete dann das Herrenturnier im eigens gebauten Stadion in Halle/Westfalen.

Heute leitet Sohn Ralf Weber das Turnier. Ab 2014 sorgt eine Verschiebung im internationalen Turnierkalender dafür, dass der Stellenwert des Weber-Wettbewerbs sogar noch weiter steigt. Spätestens dann gilt: Spitzentennis auf Grün sehen – eine Sache, die man unbedingt gemacht haben sollte!

Zum Centre-Court

Das Tennis-Rasenturnier der Herren findet jedes Jahr im Juni zwischen den French Open und Wimbledon statt und gehört zur 250er-Kategorie der ATP-Turniere. Rekordsieger mit sechs Erfolgen ist der Schweizer Roger Federer.

Austragungsort: Gerry Weber Stadion
Roger-Federer-Allee 4, 33790 Halle/Westfalen
Tel.: 05201-8180 (Ticket-Center)
Mail: karten@gerryweber-world.de
www.gerryweber-open.de

Preise je nach Kategorie:
Tageskarten ca. 20-110 Euro,
Dauerkarten ca. 110-370 Euro

Termin für 2014: 9.-15. Juni 2014

Gerry Weber Open 2013: Roger Federer siegte auch diesmal

Seinen Namen verdankt der Dino seinem Gebiss: Iguanodon bedeutet „Leguanzahn"

Dinosaurier Gustav einen Besuch abstatten

Das Wesen aus der Kreidezeit wartet in Brilon

200 Jahre alt ist das Gebäude. 100 Jahre alt ist die Einrichtung. Aber was in diesem kleinen Museum ausgestellt wird, ist noch viel älter: Über 100 Millionen Jahre alte Originalknochen eines Iguanodon-Dinosauriers liegen im Gewölbekeller.

Man nennt den Iguanodon auch die „Kuh der Kreidezeit". Wahrscheinlich standen die Tiere in großen Herden beisammen und grasten friedlich. Ein gewisser Unterschied besteht freilich darin, dass dieser Dinosaurier über zehn Meter lang werden konnte. Außerdem hatte er keine Hörner, dafür aber einen Daumenstachel, den der Entdecker des Iguanodon, der englische Arzt und Geologe Gideon Mantell, fälschlicherweise für ein Horn auf der Nasenspitze hielt. Erst später fand man heraus, dass der spitze Knochen auf den Daumen gehörte und wohl zur Verteidigung diente.

Die Originalknochen im historischen Gewölbekeller von Haus Hövener stammen aus einem Steinbruch in Brilon-Nehden, wo sie 1978 entdeckt wurden. Die Tiere haben also früher tatsächlich genau hier gelebt. Neben den Originalknochen gibt es auch noch eine Skelettrekonstruktion und ein Modell von Gustav, dem Iguanodon zu sehen. Der prominente Museumsbewohner soll übrigens des Nachts gerne Schabernack treiben und spukend durch das Museum flitzen.

Das Museum Haus Hövener beleuchtet aber noch andere Abschnitte der Geschichte. Ein interaktives Stadtmodell präsentiert Brilon in verschiedenen Epochen. Um die Stadt herum war früher eine Bergwerksregion. Das Haus selbst gehörte einer Familie, die jahrhundertelang in der Montanindustrie

tätig war, und führt durch die Briloner Wirtschafts- und Sozialgeschichte. Das Inventar zeigt noch zu großen Teilen den Zustand der Villa von 1910 – allerdings hat zusätzlich moderne Ausstellungstechnik Einzug gehalten. Das wird auch im Innenhof deutlich: Dort sind ein solider Fahrradständer und eine Steckerstation für das gleichzeitige Laden von drei E-Bikes installiert.

Bis zu 4,5 Tonnen wog so ein Pflanzenfresser

Zu Gast bei Gustav

Museum Haus Hövener
Am Markt 14, 59929 Brilon, Tel.: 02961-9639901
Mail: museum@haus-hoevener.de, www.haus-hoevener.de

Preise: 4 Euro, Kinder (bis 6) frei, Schüler, Studenten, Auszubildende und Schwerbehinderte 2 Euro, Familienkarte 9 Euro

Geöffnet: Di-So 11-17 Uhr, für Gruppen auch nach Vereinbarung; geschlossen: Karfreitag, Ostersonntag und -montag, 24.-26. und 31. Dezember, 1. Januar

Hinweise: Alle Etagen sind durch einen Aufzug verbunden, sodass auch Rollstuhlfahrer das Museum besuchen können. Es steht ein behindertengerechtes WC zur Verfügung. Es gibt museumspädagogische Angebote für Kindergartengruppen, Schulklassen, Kinder-, Jugend- und Familienfreizeiten und Kindergeburtstage.

Spion in Aktion? So genau kann man das natürlich nie wissen – die etwas andere Stadtführung

Im beschaulichen Bonn spionieren

Echte Agententhriller in der einstigen Hauptstadt

In der Rückschau wirkt die Bonner Republik oft eher beschaulich. In der kleinen Bundeshauptstadt schien es noch Politik zum Anfassen zu geben. Man kannte sich, man traf sich, persönliche Kontakte auf allen Ebenen machten Entscheidungsprozesse scheinbar transparent. Zudem war die weltpolitische Rolle der Bundesrepublik (für viele wohltuend) beschränkt.

Im Vergleich zum hektischen Politikbetrieb in Berlin heutzutage, im Vergleich zum unübersichtlichen EU-Getriebe mit Lobbyisten und Interessenvertretern, kommt die Epoche von Kanzlerbungalow und Villa Hammerschmidt vielen mit dem Blick von heute eher gemütlich und skandalarm vor.

Natürlich stimmt das Bild nicht. Auch damals wurde mit harten Bandagen gekämpft.

Längst wurde nicht alles publik, was in verrauchten Hinterzimmern ausgehandelt und eingefädelt wurde. Und selbstverständlich gab es auch damals schon Spezialisten für all die Geheimnisse, die in Wirtschaft und Politik eines Industrielandes anfallen.

Berühmtestes Beispiel für die Umtriebe der Schlapphüte war Günter Guillaume. Von 1972 bis 1974 arbeitete er als persönlicher Referent von Willy Brandt in Bonn. Von dort berichtete er verschlüsselt an die Stasi. Nachdem er enttarnt wurde, trat Brandt als Bundeskanzler zurück.

1989 erklärte Guillaume im Interview auf WDR 2, seiner Meinung nach hätte Brandt umgekehrt die Informationen eines BRD-Spions ebenso in Anspruch genommen. Vielleicht kommt ja irgendwann noch mehr raus ...

Ein Ort, der zur Bonner Spionagegeschichte unbedingt dazugehört, ist das Café Müller-Langhardt. Hier bandelten die „Romeo-Agenten" mit ihren Opfern an: Sekretärinnen aus den Ministerien, die von ihren vorgeblichen Liebhabern dann ausgehorcht, „abgeschöpft" wurden. Es gab sehr viele Sekretärinnen, Bonn hatte einen Frauenüberschuss. Im Café Müller wurden sie gezielt angesprochen.

Auf die Spuren der Profi-Geheimniskrämer kann man sich bei einer geführten Tour durch die Bonner Innenstadt begeben. Echte Fälle werden vorgestellt, man bekommt eine kurze Ausbildung im Dechiffrieren und man lernt das Kontaktieren von Informanten. Eben alles, was ein Spion so wissen muss.

In Bonn spionierte nicht nur die DDR. Auch befreundete Länder wie Frankreich oder England (Lesetipp: John le Carré!) und natürlich die USA unterhielten Agenten in der Bundesrepublik. Wer sich informieren will, wie und wo Spionage vor der Erfindung von Internet und Handyüberwachung funktionierte: Bonn ist (nicht nur deshalb) eine Reise wert.

Inkognito – das höchste Gebot eines Agenten

Agentensuche

„Spionage in Bonn" heißt die Tour, die den Agenten auf der Spur ist. Buchbar über Stattreisen Bonn. Anmeldung erforderlich unter Tel.: 0228-654553
www.stattreisen-bonn.de/spionage.htm

Preise: 19 Euro, erm. 16 Euro

Falls Sie einfach mal abwarten wollen, ob Sie angesprochen werden:

Café Müller-Langhardt
Markt 36, 53111 Bonn

Wundern Sie sich aber bitte nicht, wenn Sie statt eines Spions „nur" Jan Loh, den Kneipenzeichner von Bonn, treffen (siehe Platz 26 im Buch).

Hirschkäfer in einer Sommernacht zählen

Auf der Suche nach einer seltenen Insektenart

Prächtig und bedroht: Hirschkäfer (hier ein Männchen) werden bis zu sieben Zentimeter groß

Sie führen ein geheimes Leben. Kaum jemand im Land hat schon mal einen gesehen, obwohl sie die Größten unter ihresgleichen sind: Hirschkäfer. Die kampflustigen Rüstungsträger sind leider selten geworden. Für alle, die einem Käfer begegnen: auf keinen Fall einfangen, aber dokumentieren und melden!

Den größten Teil ihres Lebens verbringen diese Insekten als Larven. Die (harmlosen!) Hirschkäferraupen können fast so lang und dick werden wie ein Zeigefinger. Sie arbeiten sich durch vermodertes Holz, bevor sie sich schließlich in den Boden eingraben. Tief unten beginnen sie dann in aller Ruhe mit ihrer Verwandlung. Bis zu sieben Jahre lang ruhen sie verpuppt in ihrem unterirdischen Versteck. Eines Tages kommen sie dann, wie auf ein geheimes Zeichen, hervor. Und dann sind sie keine unförmigen Raupen mehr, sondern stolze Krieger. Mit schwarz schimmernder Rüstung und glänzenden Waffen treten sie ihr Käferleben an – das freilich wesentlich kürzer dauert als die friedliche Puppenzeit.

Abgestorbene, gestürzte oder kaputte Bäume wurden besonders in der Vergangenheit stets aus den Wäldern geräumt – und mit ihnen die Heimat für Käferraupen. Deshalb ist Europas größte Käferart nur noch schwer zu finden und in vielen Gebieten sogar gänzlich ausgerottet.

An lauen Sommerabenden kann man ihn dennoch finden. Nur wo? Eigentlich sagt man, Hirschkäfer seien nur in der Nähe von Eichenwäldern unterwegs. Aber manchmal verirren sie sich auch in Gärten oder Parks. Um die wirklichen Verbreitungsgebiete he-

Folgende Daten werden fürs Hirschkäferzählen benötigt

Wo wurden die Hirschkäfer gesehen?
Stadt, Gemeinde, Ortsteil, Straße, Hausnummer.

An welcher Stelle?
Saß der Käfer an Bäumen, Hauswänden, im Kaminholz, im Wald, im Garten? Auch Totfunde sind eine Meldung wert.

Neben aktuellen Funden können auch ältere weiterhelfen. Ungefähre **Zeitangaben** (dieses, letztes Jahr, 1999 etc.) oder natürlich ein konkretes **Datum** sind dafür wichtig.

Wie viele Tiere wurden beobachtet?
Getrennt nach Männchen (mit „Geweih") und Weibchen (ohne ein solches).

Wenn möglich: Fotos, Videos oder andere Belege senden. Aber bitte niemals lebende Tiere mitnehmen! Hirschkäfer zählen zu den stark gefährdeten Arten und stehen bundesweit unter Naturschutz.

Welche Verbände diese Infos sammeln, steht im Infokasten auf der nächsten Seite.

rauszubekommen, bitten Naturschützer um Mithilfe. Jede Sichtung sollte man melden (siehe Kasten auf Seite 139), so entsteht seit Jahren eine Hirschkäfer-Landkarte, die er-

freulicherweise immer mehr kleine Punkte in NRW erhält. Vielleicht bekommen Sie auch demnächst an einem Juniabend Einblick ins geheime Leben der großen Käfer.

Das Große Veen im Diersfordter Wald. Es beherbergt NRWs größtes Käfervorkommen

Hirschkäfer in Nordrhein-Westfalen

In NRW sollen Hirschkäfer vor allem im Bonner Kottenforst, Siebengebirge, Klever Reichswald, Diersfordter Wald bei Wesel, Luerwald bei Wickede, in der Hardt im nördlichen Ruhrgebiet sowie in Wäldern um Heiligenhaus und Porta Westfalica vorkommen.

Wer sammelt Informationen über Käferfunde?
Umweltverbände und biologische Stationen sind an diesem Material interessiert und bieten teilweise auch Meldebögen für Funde an. Unter anderem diese hier:

Biologische Station Haus Bürgel
Urdenbacher Weg, 40789 Monheim, Tel.: 0211-9961212, Mail: info@biostation-d-me.de
www.biostation-d-me.de (Menü „Gebiete und Projekte", „Hirschkäfer")

Biologische Station im Kreis Wesel
Freybergweg 9, 46483 Wesel, Tel.: 0281-962520, Mail: hirschkaefer@bskw.de
www.bskw.de (Menü „Projekte")

AG Natur und Umwelt Haan
Arbeitskreis Biotopschutz
42781 Haan, Mail: hirschkaefer@agnu-haan.de
agnuhaan.wordpress.com/hirschkafer

Einen Blick ins Verlies des Juddeturms werfen

Zons zeigt die Schrecken des Mittelalters

Dunkle Legenden ranken sich um den Juddeturm aus dem 14. Jahrhundert

Es heißt, in alten Fensterscheiben spiegelten sich immer noch die verzweifelten Gesichter der hier Verstorbenen. Die Umgebung rund um den Juddeturm in Zons ist geheimnisumwittert, denn im düsteren Verlies auf dem Grund des Turms litten früher Gefangene. Durch eine Luke im Boden wurden sie mithilfe einer Seilvorrichtung in das mehr als sechs Meter tiefe Verlies gelassen. Dort unten erwartete sie modrige, stinkende Dunkelheit. Das einzige Licht kam aus einem kleinen Schlitz, der in der Seite eingelassen war. Für viele gab es keinen Weg mehr nach oben. Ein Blick durch das verschlossene Gitter zum Juddeturm lässt erahnen, wie schrecklich eine Gefangenschaft dort unten gewesen sein musste.

Der Juddeturm war ein Befestigungs- und Beobachtungsturm der Zollfeste Zons. Von hier aus verteidigten die Zonser das Burggelände seit dem 14. Jahrhundert gegen drohende Angriffe. Durch die Gießlöcher warfen sie alles, was sie zur Hand hatten, auf diejenigen, die die Burg stürmen wollten: Steine, kochendes Wasser, brennende Holzscheite oder auch glühendes Pech. Deshalb werden die Gießlöcher auch „Pechnasen" genannt. Dazu beschossen sie die Angreifer durch die Schießscharten.

Wem das beim Besuch nach einiger Zeit zu düster und gruselig ist, der wendet dem Juddeturm den Rücken zu und schaut sich das wunderschöne Zons an. Das Mittelalter scheint hier noch in vielen Häusern und Gassen lebendig zu sein. Mit einem Eis in der Hand am lustigen Schweinebrunnen, über den Schlossplatz spazierend oder aber auf der Fähre nach Urdenbach wird jeder

Wo Geschichte lebt ⓘ

Die Burg Friedestrom in Dormagen Zons wurde im 14. Jahrhundert als kurkölnische Zollfeste gegründet und wird „rheinisches Rothenburg" genannt. Sie ist außergewöhnlich gut erhalten und als befestigte mittelalterliche Stadt im Rheinland einzigartig.

Der Juddeturm verdankt seinen Namen wahrscheinlich der Kölner Patrizierfamilie von Judde. Der letzte „Gefangene" im Verlies war übrigens in den 1960ern ein Schaf, das den Schacht hinuntergefallen war. Es überlebte den Sechs-Meter-Sturz zwar, aber die Rettungsaktion war aufwendig. Zu besichtigen ist der Juddeturm am Tag des offenen Denkmals. Infos unter www.tag-des-offenen-denkmals.de

Eine spannende Entdeckungsreise durch das nächtliche Zons und zum Verlies bieten Nachtwächterführungen. **Preise:** 4 Euro, Kinder (bis 12) 2 Euro **Termine:** jeden 3. Fr im Monat, Anmeldung erforderlich beim Stadtmarketing Dormagen Tel.: 02133-2726815 Mail: info@svgd.de www.svgd.de

Weitere Infos rund um Zons: www.dormagen.de www.hvv-zons.de www.zons-geschichte.de

Gedanke an das düstere Turmverlies im Handumdrehen verscheucht.

Der historische Ortskern von Alt-Kaster ist eine von vielen Stationen auf dem Rundweg

Den einzigen Werwolfwanderweg bestreiten

Wanderung mit Gruselfaktor im Erftkreis

Geht es um den obligatorischen Sonntagsspaziergang, so ist das Gemaule in der Familie meist groß. Man hat dann drei Möglichkeiten: nachgeben, es ignorieren oder einen Weg finden, der die Kinder doch noch begeistert. Der Werwolfwanderweg im Erftkreis wäre so eine Idee. Dass sich der Spaziergang dann zu einer gediegenen Wanderung von zehn Kilometern mausert und gut zwei Stunden dauert, muss man ja nicht unbedingt gleich zu Beginn erwähnen.

Werwölfe! Da wittern die Jungs gruselige Abenteuer, und die Mädchen verlieren sich dank Fernsehserien und Kinofilmen in verklärter Romantik. Mit Romantik hat der Werwolfwanderweg allerdings wenig zu tun, mit

143

Abenteuer schon eher. Auf gruseligen Spuren kann man hier nämlich das Leben von Peter Stubbe nachwandern, der 1589 öffentlich als Werwolf hingerichtet wurde.

Peter Stubbe war ein Sonderling. Im winzigen Dorf Epprath lebte er als freier Bauer mit seiner Tochter und einer anderen weiblichen Verwandten – in wilder Ehe, wie die Dörfler munkelten. Vielleicht litt Stubbe auch unter einer unbekannten Krankheit, die ihn verhaltensauffällig machte. Egal, was der Grund war, die Leute waren überzeugt, dass Stubbe als Werwolf mehrere Menschen, unter ihnen seinen eigenen Sohn, getötet hatte. Sie machten ihm den Prozess und brachten ihn auf besonders grausame Art um. Der Fall machte damals sogar international Furore. In England, Dänemark und Holland wurde darüber berichtet, Stubbes vermeintliche Gräueltaten gar auf Kupferstichen festgehalten.

An all das erinnert der Werwolfwanderweg, der durch eine idyllische Landschaft führt und dabei gruselige Geschichten erzählt. Los geht's im historischen, pittoresken Stadtkern von Alt-Kaster. Ab hier muss man nur noch den Infotafeln folgen, auf denen ein Wolf den Mond anheult. Danach geht's aufwärts bis zur Kasterer Höhe. Hier erfährt der Wanderer einiges über den Geburts- und Wohnort von Peter Stubbe und hat gleichzeitig einen herrlichen Blick auf Alt-Kaster und die Stadt Bedburg, in die Kaster 1975 eingemeindet wurde.

Am Kasterer See wird die Jagd auf den Werwolf von Epprath beschrieben, später geht es dann um die Verhaftung, Folterung, Verurteilung und Hinrichtung. Genug Gruselpotenzial also. Nebenbei sieht man auch Sehenswürdigkeiten der Region, wie zum Beispiel das Schloss Bedburg, wo dem armen Werwolf einst der Prozess gemacht wurde.

Auf Schloss Bedburg wurde der „Werwolf von Epprath" verurteilt

Wer mag, kann auch nur die Hälfte des Weges gehen. Der Rundweg ist nämlich wie eine Acht aufgebaut. Die eine Hälfte heißt die „Gerichtsrunde", die andere führt rund um den Kasterer See und nennt sich „Unwesen des Werwolfs".

Im Erftkreis gibt es auffällig viele solcher Geschichten über Werwölfe, wie die der „schönen Werwölfin" oder die vom „hungrigen Mittagswolf". Der Grund hierfür ist denkbar einfach: In den fast undurchdringlichen Wäldern der Region und in den sumpfigen Erftniederungen verunglückten viele Menschen. Leichte Beute für Wölfe! Wenn dann die schlimm zugerichteten Leichen gefunden wurden, waren die Dörfler überzeugt, dass ein Werwolf sein Unwesen trieb.

Wolfsfährte

Start des Werwolfwanderwegs:
Agatha-Tor
50181 Bedburg-Alt-Kaster
Oder für den zweiten Teil der Route:
Schloss Bedburg
Schloßallee, 50181 Bedburg

Hinweis: Bedburg nicht verwechseln mit Bedburg-Hau im Kreis Kleve

Entlang der Route finden sich sieben ausführliche Informationstafeln mit Übersichtskarte, die die gesamte Wanderung und ihre Hintergründe erläutert. Angelegt ist der Wanderweg auf dem ehemaligen Tagebaugelände für Braunkohle. In den 1980er-Jahren wurde das Gelände renaturiert, dichte Mischwälder und der Kasterer See entstanden.

Tipp für Halloween
Jedes Jahr zu Halloween gibt es ein unheimliches Highlight auf dem Werwolfwanderweg. Im Dunkeln beginnt eine Fackelwanderung entlang des Weges mit spannenden Geschichten und gruseligen Getränken. **Treffpunkt:** jedes Jahr am 31. Oktober um 18 Uhr am Agatha-Tor, Alt-Kaster. Die Teilnahme ist kostenlos.

Weitere Infos:
Rhein-Erft Tourismus
Tel.: 02271-9949940
Mail: info@rhein-erft-tourismus.de
www.rhein-erft-tourismus.de
www.naturpark-rheinland.de

Naturschutzgebiet und mystischer Ort – der alte Torfstich im Venner Moor

Sich im Venner Moor ein wenig gruseln

Auch ohne Leiche ein spannendes Erlebnis

Moorfrosch, Maulwurfsgrille und Gagelstrauch – schon wegen der hübschen Namen muss man diese Arten doch schützen! Sie alle leben, neben vielen Libellenarten und Schlangen wie Kreuzotter und Ringelnatter, im Venner Moor.

In unserer Landschaft, in der die meisten Flächen genutzt und verplant sind, stellen Moore oft die letzten Zufluchtsorte für seltene Tiere und Pflanzen dar. In Nordrhein-Westfalen gibt es kaum noch solche Feuchtgebiete. Und auch das Venner Moor wurde früher wirtschaftlich genutzt. Die älteste urkundliche Erwähnung des Torfabbaus hier stammt aus dem Jahr 1575. Heute steht das Gebiet unter Naturschutz. Menschen dürfen keinen Torf mehr stechen, sondern nur noch ihre Freizeit hier verbringen.

Die alten Torfstiche mit ihren dunklen Wasserflächen geben einen guten Eindruck davon, wie geheimnisvoll und gruselig die Moorlandschaften eins gewirkt haben müssen, als sie noch viel größer waren. Jetzt wachsen an den Rändern Birken. Besonders im Herbst ergeben die Gegensätze aus hellen Birkenstämmen, schwarzem Wasser und dem verschiedenfarbigen Laub einen reizvollen Anblick. Sowohl mit dem Rad als auch zu Fuß kann man das Moor prima erkunden.

Als geheimnisvoller Ort wurde das Venner Moor einem großen Publikum 2002 durch den ersten Münster-Tatort bekannt. Hier wurde eine Szene gedreht, in der eine Moorleiche geborgen wird – der erste Fall von Kommissar Thiel (Axel Prahl) und dem verschrobenen Pathologen Boerne (Jan-Josef Liefers).

Vor Moorleichen muss man sich in der Realität hier wohl kaum fürchten. Aber man darf sich auf Moorfrösche freuen!

Inspirationsquelle Moor

Annette von Droste-Hülshoff wuchs nicht weit vom Venner Moor entfernt auf. An die Landschaft mag sie sich erinnert haben, als sie 1842 in der Gedichtsammlung „Haidebilder" die berühmte Ballade „Der Knabe im Moor" veröffentlichte. Hier ist die erste Strophe:

O, schaurig ist's, über's Moor zu gehn,
Wenn es wimmelt vom Haiderauche,
Sich wie Phantome die Dünste drehn
Und die Ranke häkelt am Strauche,
Unter jedem Tritte ein Quellchen springt,
Wenn aus der Spalte es zischt und singt,
O, schaurig ist's, über's Moor zu gehn,
Wenn das Röhricht knistert im Hauche!

Informationen zu Leben und Werk der Autorin gibt es hier:
www.droste-portal.lwl.org

Raus in die Natur

Das Naturschutzgebiet Venner Moor liegt einige Kilometer südwestlich von Münster im Kreis Coesfeld und umfasst eine Fläche von rund 148 Hektar. Das Naturschutzzentrum Coesfeld bietet Führungen und Veranstaltungen an, die Einblicke in die Entwicklung des Moores, aber auch in die Welt der dort lebenden Vögel, Libellen, Spinnen, Fledermäuse, Pflanzen und Pilze gibt.

Weitere Informationen gibt es beim Naturschutzzentrum Kreis Coesfeld
Borkener Straße 13, 48653 Coesfeld, Tel.: 02541-952530
Mail: info@naturschutzzentrum-coesfeld.de, www.naturschutzzentrum-coesfeld.de

Nicht verwechseln!
Es gibt noch ein Venner Moor. Das liegt in der Nähe von Osnabrück, bei Ostercappeln-Venne. Wahrscheinlich auch schön, aber eine Autostunde entfernt – und in Niedersachsen.

Dem Rauschen der Plästerlegge lauschen

NRWs „Niagarafälle" tosen in Bestwig

Das Wasser der Plästerlegge fließt erst in die Elpe und schließlich in die Ruhr

Plästern ist das plattdeutsche Wort für regnen. „Et plästert", sagt der Rheinländer auch, wenn der Regen heftig runterprasselt. Leggen sind schiefrige Felsen – und somit ist das Geheimnis um den Namen des Wasserfalls bereits gelöst: Regen, der auf Schieferfelsen plätschert. Die Plästerlegge ist der größte natürliche Wasserfall in Nordrhein-Westfalen. (Andere sagen: Es ist der einzige natürliche Wasserfall.) Freilich plästert er nur, wenn es geplästert hat: Denn wenn es länger nicht regnet, trocknet die Plästerlegge tatsächlich aus.

20 Meter fällt das Wasser senkrecht von einer Klippe, dann folgt ein mehrere Hundert Meter langer Sturzbach über Geröll. Der Wasserfall liegt versteckt im Wald. Früher wurde er zur Herstellung von Bleikugeln genutzt. Heißes, flüssiges Blei wurde in das fallende Wasser geschüttet. Dadurch wurde es sofort fest und erstarrte zu kleinen Kügelchen. Die siebte man unten aus dem Wasser – fertig war die Schrotmunition.

Bestwig liegt im Sauerland, die nächsten größeren Orte sind Olsberg und Meschede. Vom Bestwiger Ortsteil Wasserfall aus startet ein Wanderpfad in den Wald. Über weichen Boden geht es bergab, bis man nach einer Biegung schließlich an einer Felswand steht. Über die Schieferfelsen stürzt hier das Wasser herab.

Noch ein bisschen geheimnisvoller wirkt die Plästerlegge übrigens im Winter, wenn der Wasserfall gefroren ist. Dann ist der Fußweg zwar schwieriger zu bewältigen, aber das erstarrte, stille, in der Bewegung eingefrorene Wasser übt eine ganz eigene Faszination aus.

Still und starr – die Plästerlegge bei Frost

Zum Wasserfall ⓘ

Die Plästerlegge ist nur zu Fuß erreichbar. Ab der Aurorastraße im Bestwiger Ortsteil Wasserfall sind es etwa 20 Minuten Fußmarsch.

Weitere Informationen:
Tourist-Info Bestwig
Tel.: 02904-712810
Mail: bestwig@hennesee-tourismus.de
www.hennesee-tourismus.de

Schon von außen lässt sich erahnen, dass dieses Haus etwas ganz Besonderes ist

Sich in das Junker-haus in Lemgo trauen

Ein Kunstwerk zwischen Genialität und Wahnsinn

Sein Erbauer wollte mehr als nur ein Haus. Er wollte ein bewohnbares Kunstwerk – und das ist ihm auch gelungen. Das Junkerhaus in Lemgo schlägt 100 Jahre nach dem Tod seines Schöpfers die Besucher in seinen Bann.

1891 zog der Künstler Karl Junker in das zweistöckige Haus, das er am Stadtrand von Lemgo hatte bauen lassen. Entworfen hatte er es selbst. Die nächsten gut 20 Jahre bis zu seinem Tod war er ständig damit beschäftigt, es auszuschmücken. Außen ziehen sich Ornamente über Steinsockel, Holzbalken und Simse. Innen setzt sich die Gestaltungsmanie fort: Nahezu alle Decken und Wände sind mit Holz verkleidet, überall sind Leisten, Schnitzereien und kleine Deko-

Die unzähligen Schnitzereien überziehen das Vestibül wie Spinnweben

Elemente aufgenagelt. Dämonisch, merkwürdig, märchenhaft, bedrückend, genial – so wird es von Besuchern damals wie heute wahrgenommen. Sogar Figuren seiner (erträumten) Frau und Kinder soll Karl Junker sich geschnitzt haben, obwohl er bis zu seinem Tod allein lebte.

Bei seinen Zeitgenossen galt Junker nicht unbedingt als Künstler, sondern eher als Spinner. „Gespensterhaus" wurde sein Haus genannt, Besucher bekamen Angst in dieser „unheimlich-bizarren, Spinnenweben-übersponnenen Tropfsteinhöhle". Als er 1912 starb, schrieb die Lippische Landeszeitung, Junker habe in völliger Zurückgezogenheit gelebt und nur seinen Ideen nachgehangen. Mit seinem wilden Vollbart und schwarzen Mantel verschreckte er die Lemgoer. Andererseits führte er bereitwillig Besucher durch sein Haus, um Gemälde und Schnitzereien zu zeigen.

Inzwischen werden Junkers Werke auch in Museen wie der Frankfurter Schirn ausgestellt. Sie lassen sich keinem bestimmten Stil zuordnen, sondern gelten als „Outsider Art" – Außenseiterkunst: Er hat ein Werk ganz eigener Art hinterlassen. Von 2001 bis 2004 sind die Möbel, Architekturmodelle und Gemälde restauriert worden, sie werden jetzt in einem neuen Ausstellungsgebäude hinter dem Junkerhaus gezeigt. In das Innere des Junkerhauses darf man ebenfalls Blicke werfen – nur der alte Mann ist leider seit 100 Jahren nicht mehr dabei.

Das Gespensterhaus

Museum Junkerhaus Lemgo
Hamelner Straße 36
32657 Lemgo
Tel.: 05261-667695
Mail: mail@junkerhaus.de
www.junkerhaus.de

Geöffnet: April-Okt. Di-So 10-17 Uhr, Nov.-März Fr-So 11-15 Uhr; Termine für Veranstaltungen, Sonderführungen und für die schaurigschöne „Taschenlampenführung" in den Wintermonaten auf der Internetseite

Preise: 3 Euro, erm. 1,50 Euro, Kinder (bis 6) frei, Familienkarte 6 Euro

In Mönchengladbach-Hehn thronen in 14 Nischen 14 Statuen heiliger Männer und Frauen

Heilige in den Hehner Grotten aufsuchen

In Hehn findet sich für jede Sorge ein Patron

Eine Grotte besichtigen, das klingt wie in eine Höhle steigen, Fledermäuse und Tropfsteine sehen. In Mönchengladbach-Hehn gibt es gleich drei Grotten. Aber sie sind von Handwerkern gebaut und nicht für Höhlenforscher gedacht, sondern für Heiligenverehrer.

Das „freundliche Dörfchen Hehn" – so sagte man früher zu diesem Stadtteil von Mönchengladbach – wird gerne von Pilgern besucht. Die kirchliche Legende besagt, dass ein Bauer im 16. Jahrhundert hier ein Marienbild fand. Damals stand dort, wo heute Hehn ist, allerdings noch ein Wäldchen und darin ein Holzkreuz, an dem die Bauern auf dem Heimweg beteten. Hier fand der Mann das Bild, nahm es mit und brachte es am nächsten Morgen zur Benediktinerabtei nach Gladbach. Aber sooft man es auch woandershin brachte, am nächsten Tag fand der Bauer es immer wieder an derselben Stelle im Wald. Also ließ man das Madonnenbild, wo es war. Später wurde eine Wallfahrtskapelle dazugebaut, und es kam ein gewisser Pilgertourismus in Gang.

Ende des 19. Jahrhunderts wurden die frommen Besucher aber weniger. Da hatte der zuständige Pfarrer Theodor Jöbges eine Idee: Er ließ 1894 aus Tuffstein eine Anlage mit drei Grotten errichten. Eine für den heiligen Rochus, der sollte die Pilger begrüßen, schließlich war er selbst einst nach Rom gepilgert. Eine zweite mit einem Marienstandbild. Man taufte sie Lourdesgrotte, in Anlehnung an die wundertätige Grotte im französischen Ort Lourdes. Die dritte und größte Grotte widmete man den 14 Nothelfern. Da war nun für jedes Anliegen ein Heiliger dabei.

Der Plan von Pfarrer Jöbges ging auf: Die Pilgerzahlen stiegen wieder. Und bis heute sind die Grotten in Hehn ein beliebtes Ziel für Besucher. Mehr Pilgerstätten am Niederrhein gibt es übrigens auch auf Platz 16 der 50 Dinge.

Die Wallfahrtskirche St. Mariä Heimsuchung

Heilige für alle Fälle

Nicht nur die Grottenanlage ist Ziel der Pilger, sondern auch die Pfarr- und Wallfahrtskirche St. Mariä Heimsuchung und die Marienkapelle. Vervollständigt wird der Wallfahrtsort durch den 1989 ins Leben gerufenen Kreuzweg, eine Baumallee mit 15 Kreuzwegstationen.

Im Pfarrbüro St. Mariä Heimsuchung können während der Öffnungszeiten Fragen rund um den Wallfahrtsort geklärt, Devotionalien erworben oder Wallfahrten angemeldet werden.

Heiligenpesch 75, 41069 Mönchengladbach-Hehn, Tel.: 02161-542786
Mail: info@wallfahrt-hehn.de, www.wallfahrt-hehn.de

Geöffnet: Mo, Do, Fr 10-12 Uhr; Di 15-17 Uhr; Kirche und Kapelle sind täglich ab etwa 9 Uhr bis zum Einbruch der Dunkelheit geöffnet, die Grottenanlage ist rund um die Uhr frei zugänglich.

Das Eiskellergewölbe erzählt von einer Zeit, in der das Kühlen noch Knochenarbeit war

Im Eiskeller eine Gänsehaut bekommen

Europas größter Kühlschrank in Altenberge

„Mit Weitblick ins Münsterland": Dieses Motto hat sich die Gemeinde Altenberge auf die Fahne geschrieben. Mit Recht, denn die Ortschaft liegt nördlich von Münster auf dem Altenberger Höhenrücken. Dass man hier nicht nur einen weiten Ausblick ins Münsterland, sondern auch einen kalten Einblick in die Geschichte des Kühlens genießen kann, beweist der Altenberger Eiskeller der ehemaligen „baierischen Bierbrauerei Gebrüder Beuing". Er gilt als größter erhaltener Eiskeller Europas!

Das dreigeschossige Gewölbe aus Ziegelsteinen stammt aus einer Zeit, als es noch keine künstliche Kühlung gab. Bis in die 1920er-Jahre waren solche gemauerten Eiskeller die einzige Möglichkeit, Lebensmittel zu kühlen und über einen längeren Zeitraum zu lagern. Dafür sägte man an besonders kalten Wintertagen große Eisblöcke aus den zugefrorenen Gewässern und schaffte sie in die tiefen Keller. Dort hielt sich das Eis im besten Fall sogar zwei Sommer lang.

Kühle Temperaturen benötigten im Jahr 1860 auch die Brüder Franz und Johann Hermann Beuing. Allerdings nicht für Vorräte, sondern fürs Bierbrauen. In einer Region, die traditionell meist obergäriges Bier wie Kölsch und Alt herstellte, wollten die beiden etwas Neues ausprobieren. Würziges, untergäriges Bier „nach baierischer Brauart" sollte es sein. Das gärt bei frischen vier bis neun Grad (siehe dazu auch Platz sieben der 50 Dinge) und reift acht bis zwölf Wochen bei ausreichender Kühle. Die ist wichtig, damit das Bier beim Reifen nicht „kippt".

1861 startete die Produktion des Beuing-Biers, das schnell zum Verkaufsschlager wurde. Erst die Weltwirtschaftskrise läutete das Ende der Brauerei ein. Im Zweiten Weltkrieg wurde das Gewölbe noch als Luftschutzbunker genutzt, danach über Jahrzehnte so gut wie vergessen.

Seit 1996 steht der Altenberger Eiskeller unter Denkmalschutz. Ein Pavillon in Eisschollenform dient seit 2004 als Eingang zum Keller und gleichzeitig als Museum. Die Ausstellung erzählt von der früheren Brauerei, der Geschichte des Frischhaltens und von den aktuellen Bewohnern des unteren Eiskellergeschosses: Bedrohte Fledermausarten haben hier ihr Winterquartier.

Auch die weiträumigen Kelleranlagen kann man besichtigen: bei einer Führung oder im Rahmen von speziellen Konzerten, Lesungen und Theateraufführungen – die Akustik im Keller ist hervorragend. Wer sich davon selbst überzeugen möchte, zieht sich warm an und besucht das mächtige Gewölbe im Berghang.

Der Pavillon „Eisscholle" dient als Museum

Immer eisgekühlt

Eiskeller Altenberge
Gooiker Platz 4
48341 Altenberge
Tel.: 02505-8232 oder 8233
www.altenberge.de
www.heimatverein-altenberge.de

Preise: 2 Euro, Kinder (unter 16) frei, Gruppen ab 20 Euro

Geöffnet: Mai-Sept. Sa 13-17 Uhr, So/Feiertage 11-17 Uhr und nach Vereinbarung; Führungen in den Keller jeweils zur vollen Stunde, letzte Führung um 16 Uhr (Gruppen können ganzjährig Führungen und Besichtigungen vereinbaren)

Hier lebt schon lange keiner mehr – das Geisterdorf wurde als Truppenübungsplatz genutzt

Das verlassene Eifel-Dorf besichtigen

Wollseifen – unheimliche Leere voller Geschichte

Eine „Wüstung" nennt man eine Stelle in der Landschaft, wo früher ein Ort mit Häusern war, wo aber jetzt niemand mehr wohnt. Solche Geisterstädte kennt man aus TV-Western. Es gibt sie aber auch bei uns.

Wollseifen, in der Nähe von Schleiden-Gemünd in der Eifel, war ein 800 Jahre altes Dorf, als der Zweite Weltkrieg endete. Seine Lage wurde ihm zum Verhängnis: Einen Hü-

gelzug weiter hatte die NSDAP ihre Ordensburg Vogelsang erbaut. Dort sollte der Nazi-Führungsnachwuchs ausgebildet werden. Schon während des Kriegs hatte Wollseifen einige Treffer abbekommen. Die endgültige Zerstörung wurde aber erst 1946 besiegelt. In jenem Sommer bekamen die Bewohner die Mitteilung, dass sie innerhalb der nächsten drei Wochen das gesamte Dorf zu räumen hätten: Die Briten wollten es als Truppenübungsplatz nutzen.

Die Bewohner – viele waren gerade erst aus den Kriegswirren heimgekehrt – durften noch Getreide und Kartoffeln ernten. Danach wurden ihre Häuser zu Zielscheiben. Englische und belgische Soldaten lernten hier, Artilleriegeschütze zu bedienen. Es dauerte nicht lange, und das alte Dorf war zum größten Teil dem Erdboden gleichgemacht. Nachdem klar war, dass der Status als militärisches Übungsgelände dauerhaft sein würde, erhielten die Vertriebenen eine Entschädigung vom Bund. Das war allerdings erst Mitte der 1950er-Jahre.

Heute existiert in Wollseifen noch eine Reihe von Gebäuden – nur drei davon sind original, darunter die Kirche und das Schulhaus. Alle anderen Bauten sind vom Militär aufgestellte Übungsgemäuer, um „Häuserkampf" trainieren zu können. Als das Militär 2006 abgezogen war, machten ehemalige Wollseifener Bürger aus ihrem alten Dorf einen Ort der Erinnerung. Ein Modell zeigt, wie die Häuser früher standen, Bilder und Texte auf Tafeln erzählen von der Zeit vor und nach 1946. Außerdem wurde das Dach der Kirche erneuert, sodass dort wieder Gottesdienste stattfinden können.

Die Kirche wird einmal jährlich genutzt

Wollseifen ist nicht spektakulär, aber ein Ort, der Geschichte bewusst macht. Und spätestens beim Blick auf die ehemalige Nazihochburg auf dem Nachbarhügel fährt einem ein Schauer über den Rücken.

Der Weg zum Dorf ⓘ

Mit dem Auto ist die Wüstung nicht zu erreichen. Der kürzeste Fußweg geht vom Wanderparkplatz an der B 266 aus. Der liegt zwischen Gemünd und Einruhr, genau gegenüber der Einfahrt zum Forum Vogelsang. Zu spazieren bleiben dann knapp zwei Kilometer über gut befestigte Kieswege.

Mit einer (rollstuhlgerechten) Kutsche kann man von April bis Ende Oktober jeden 1. und 3. Sonntag vom Kino Vogelsang über Walberhof nach Wollseifen und zurück fahren.

Infos und Buchungen beim Veranstalter Horst Steffens Tel.: 0177-4478041 www.kutsche-steffens.de

Preise: 5 Euro, Hin- und Rückfahrt 9 Euro, Kinder (bis 18) zahlen die Hälfte

Abfahrtszeiten: ab Vogelsang um 11.30 + 14.15 Uhr, aus- oder zusteigen in Wollseifen 12.45 + 15.30 Uhr

Viele Informationen rund um das Dorf Wollseifen gibt es auf der Internetseite des Traditions- und Fördervereins: www.foerderverein-wollseifen.de

Tipps für Wanderungen in der Region unter www.nationalpark-eifel.de